古代文史名著选译丛书

主编 章培恒 安平秋 马樟根

新唐书选译

修订版

译注 雷巧玲 李成甲
审阅 黄永年

凤凰出版传媒集团 凤凰出版社

图书在版编目（CIP）数据

新唐书选译 / 雷巧玲，李成甲译注. -- 南京 : 凤凰出版社，2011.5（2024.12重印）
（古代文史名著选译丛书）
ISBN 978-7-5506-0348-6

Ⅰ. ①新… Ⅱ. ①雷… ②李… Ⅲ. ①中国历史－唐代－纪传体 Ⅳ. ①K242.042

中国版本图书馆CIP数据核字（2011）第045900号

书　　名	新唐书选译
译 注 者	雷巧玲　李成甲
责任编辑	韩凤冉
出版发行	凤凰出版社（原江苏古籍出版社） 发行部电话025-83223462
出版社地址	南京市中央路165号，邮编:210009
出版社网址	http://www.fhcbs.com
照　　排	江苏凤凰制版有限公司
印　　刷	唐山楠萍印务有限公司 唐山市芦台经济开发区场部
开　　本	960×1304毫米　1/32
印　　张	7.875
字　　数	128千字
版　　次	2011年5月第1版　2024年12月第3次印刷
标准书号	ISBN 978-7-5506-0348-6
定　　价	66.00元

（本书凡印装错误可向承印厂调换，电话:022-69381996）

《古代文史名著选译丛书》编委会

《古代文史名著选译丛书》修订版出版说明

呈献在读者面前的这套《古代文史名著选译丛书》是2011年的修订版。全书共134册，包括了中国从先秦至清末两三千年间的著名典籍。每部典籍都选其精粹(《论语》《老子》则全文收录)，收录原文，加以简明的注释，力求准确地译为现代汉语，并于每一篇之前写有对该文的提示性说明。这是近一个世纪以来，规模最大、收录种类相对齐全、译注质量较高的一套普及传统文化的今译丛书。

这套丛书，原在1992年—1994年由巴蜀书社分三批出齐，印行过万套；不久，又由台湾的出版机构买去海外版权在台湾及海外发行，可见这套丛书当年在两岸受欢迎的程度。时隔17年，丛书编委会决定重新修订，改由江苏凤凰出版集团所属的凤凰出版社出版。

这套丛书是由教育部属下的全国高等院校古籍整理研究工作委员会（简称古委会）于1985年策划的。古委会组织了全国18所大学的古籍整理研究所的所长任编委会编委，由我们三人任主编，在全国范围内选请学有专长的学者承担各书的译注。从1986年—1992年，历时7年完成。当时，编委会制订了严明、可行的体例和细则，译注者按要求完成书稿。每部书稿完成后，都在全国范围内请编委会之外的专门研究这一学术领域的两位专家初审，合格后再请两位编委参照初审意见审改，然后退还原译注者改正。待原译注者改正后，再由编委会集中常务编委和部分编委、相关专家在一地将每部书稿从头至尾审改。这样的集中审稿会一般都在8—15天，7年中开了12次审改会。审改后，三位主编再集中在一起逐一审定，交付出版社。这一工作程序，使得这套丛书的译注质量有了一定的提高。所以，这套丛书，在一定程度上是个人与多人合作的结果。关于这套丛书的编纂始末，我们曾在1992年4月全书交稿后写有一篇文章，这次附在修订版书末，便于读者了解。

这次修订，是交由原译注者自己修改。少数译注者已去世，则书稿一仍其旧。个别译注者已联系不上，也保持原貌。

1992 年—1994 年出版时，书前有当时古委会主任周林先生写的序。周林先生是这一丛书的发起者。他已于 1997 年 6 月去世，至今已 14 年了。为了尊重历史，也为了纪念他，修订版仍用他的序。

我们三人在 1985 年—1992 年主持这套丛书工作时，年龄大的是从 51 岁到 58 岁之间，年龄小的是从 44 岁到 51 岁之间，那时尚有精力组织、参与这一工作，今天我们都已年逾古稀。全书修订版出版之际，心情似乎比当年更惴惴不安地期待着读者的评头品足，期待着不要对读者贻误太多。

回想这套丛书，真应该感谢我们的祖先为我们留下了这样深厚、丰富的思想、文化遗产，使我们今天仍然受用无穷。应该感谢这套丛书的全体译注者、审阅者、编委和当年的出版者巴蜀书社、今天的出版者凤凰出版社，是他们的学识、辛勤与真诚使得这套丛书得以面世。

章培恒　马樟根　安平秋

2011 年 3 月 15 日

序

《古代文史名著选译丛书》与广大读者见面了。这是丛书编委会的同志与众多专家学者通力协作、辛勤耕耘的结果。

中华民族在五千年漫长的岁月里，创造了光辉灿烂的文化，给人类留下了丰富的精神财富。“观今宜鉴古，无古不成今”。今天，以马克思主义的科学理论为指导，整理研究我国古代文化典籍，做到汲取精华，剔除糟粕，古为今用，推陈出新，使人们在正确认识民族历史的同时，得到爱国主义的教育，陶冶道德情操，提高全民族的文化素质，促进社会主义文化的繁荣，使文明古国的历史遗产得以发扬光大，这是我们每个炎黄子孙的责任。而要做到这样，对古籍进行整理与研究是重要的基础工程。但是，整理与研究古籍仅作标点、校勘、注释、辑佚还不够，还要有今译，使老年人、中年人、青年人都愿意去读，都能读懂，以便从中得到教益。

基于以上认识，全国高等院校古籍整理研究工作委员会于1986年5月组成了以章培恒、安平秋、马樟根三位同志为主编的《古代文史名著选译丛书》编委会，确定了以全国十八所大学的古籍整理研究所为主力承担这一看似轻易、实则艰巨的今译任务。在第一次编委会议上，拟定了《凡例》、《编写与审稿要求》、《文稿书写格式》和一百余种书目。以每一种书为十万至十五万字计算，这套丛书大约有一千余万字，应该说是一项大工程。经过一年的努力，完成了第一批三十六部书稿的译注任务。在各研究所的专家与所长把关的基础上，于1987年5月和7月，先后在复旦大学、北京大学召开了部分编委参加的审稿会，通过了二十五部书稿，作为《古代文史名著选译丛书》与广大读者见面的第一批作品。与此同时，在1987年7月6日，邀请了在京的十几位专家教授与编委会十几位编委一起座谈这套丛书与古籍今译的问题。专家们肯定了今译工作的必要性与深远意义，并以他们数十年的教学科研和创作的经验，说明今译是一项难度很大的工作，是培养人才，使之打下坚实基本功的一种有效方法；专家们还对《古代文史名著选译丛书》提出了宝贵的建议，这对当时的审稿工作和保证《丛书》的质量起了很好的作用。

实践证明，古籍的今注不易，今译更难。没有对作品的深入、透彻的研究，没有准确、通俗、生动的语言表达能力，要想做好今译是不可能的。两年多来，全国高等院校古籍整理研究工作委员会在探索古籍的今注、今译的道路上，做了一些工作。这部丛书的出版，是系统今译的开始，说明古籍整理研究工作有了新的进展。更可喜的是，一批中青年学者参加了今注今译工作，为古籍整理增添了新生力量，相信他们会在实践中，在学习中，成长成熟。我希望，这套丛书的编委会和高校各古籍整理研究所要敞开大门，加强同国内外专家学者的联系，征求他们和广大读者的意见，并向有真才实学而又适宜做今译工作的专家学者约稿，以提高古籍译注的水平，使《古代文史名著选译丛书》的第二批、第三批作品的质量更上一层楼。

这是一套以文史为主的大型的古籍名著今译丛书。考虑到普及的需要，考虑到读者对象，就每一种名著而言，除个别是全译外，绝大多数是选译，即对从该名著中精选出来的部分予以译注，译文力求准确、通畅，为广大读者打通文字关，以求能读懂报纸的人都能读懂它。我希望这套丛书能成为中小学教师的语文、历史教学的参考书，成为大专院校学生的课外读物，成为广大文史爱好者的良师益友。由于系统的古籍今译工作还刚刚起步，这套丛书定会有不少缺点、错误，也诚恳地希望读者批评指正。

巴蜀书社要我为这套丛书写序，我欣然接受了。我相信这套丛书不仅会使八十年代的人们受益，还将使子孙后代受益，它将对祖国的繁荣昌盛起到点滴的作用。最后借此机会向曾给予我们支持、帮助的专家学者和巴蜀书社的同志表示衷心的感谢！并殷切地希望台湾同胞、港澳同胞、海外侨胞和我们一同做好祖先留给我们的文化遗产的整理工作，为中华民族灿烂的文化再放异彩而努力！

周　林

1987年10月于北京

目　录

前 言

用纪传体来写唐代历史的史书，在《二十四史》里有两部。一部是五代时后晋政府官修、到后晋出帝开运二年(945 年)以宰相刘昫领衔修成的《唐书》，有二百卷，因为后来北宋政府又纂修了一部《唐书》，所以通常把刘昫领衔的《唐书》加个“旧”字叫《旧唐书》，这部《旧唐书》已由我们的老师黄永年先生选译并收进了《古代文史名著选译丛书》。再一部就是北宋政府重新纂修的、我们在这里选译的《新唐书》，它是北宋仁宗嘉祐五年(1060 年)修成的，有二百二十五卷，本来也只叫《唐书》，为了和刘昫的旧的《唐书》区别，通常叫它《新唐书》。

已经有了《旧唐书》，在一个多世纪以后为什么还要重修这部《新唐书》？当然是认为《旧唐书》写得不够好，不理想。是的，由于修《旧唐书》时所依据的资料不完备，譬如作为修史主要依据的列朝实录，唐朝的史官就只修了高祖、太宗、高宗、则天皇后、中宗、睿宗、玄宗、肃宗、代宗、德宗、顺宗、宪宗、穆宗、敬宗、文宗、武宗十六朝的实录，武宗朝的还不全，武宗以后的宣宗、懿宗、僖宗、昭宗、哀帝都不曾修或没有修成实录。纪传体的唐朝本朝史即所谓国史呢？唐朝的史官也只修了前面几朝，中晚唐时的同样没有修。因此依据这些实录、国史纂修而成的《旧唐书》，就不免有详前略后、头大尾细的毛病，这用《新唐书》纂修者的话来说就叫“事实零落”。《新唐书》纂修者还认为《旧唐书》有“纪次无法，详略失中，文采不明”的毛病，用今天的话来说，就是纂修时缺乏准则，哪些应该写得详尽，哪些可以简略，处理得很不合适，而且文笔也不行。他们还指出，这是由于《旧唐书》的纂修者身处五代衰世，水平不高，缺少修史的才识和文笔的缘故。所以非重修不可。

正式建议重修的是当时的宰相贾昌朝，经宋仁宗同意在庆历五年（1045年）下诏设立史局来重修

《唐书》，到修成共花了十六年功夫，在史局里任职的人前后有二十一位。这二十一位又分三种情况。一种叫提举官，一般都由宰相担任，贾昌朝在开头三年就担任了这个工作。不过宰相事情多，不太可能亲自带领大家来修，就设了实际主持工作的叫刊修官。刊修官开头几年比较多，后来剩下一位宋祁，又增加了一位欧阳修，由欧阳修负责纂修本纪和志、表，宋祁负责纂修列传。所以全史修成后由提举官宰相曾公亮撰写进呈给仁宗的表，而在本纪、志、表前面和列传前面分别署上欧阳修和宋祁的官衔姓名。再有一种则是专门撰写的叫编修官，人数少时三位，多则六位，其中有好些是知名人士。如宋敏求就是一位唐史研究专家和大藏书家，曾利用丰富的藏书补写了唐武宗、宣宗、懿宗、僖宗、昭宗、哀帝的六朝实录，另外还编写了记述唐西京长安的《长安志》和记述唐东京洛阳的《河南志》、记述北宋京城开封的《东京记》，又在他父亲宋绶搜辑的基础上编成一部唐代诏令汇编叫《唐大诏令集》。还有一位编修官吕夏卿则写过讲如何纂修《唐书》的《唐书直笔》，和讲唐代军事制度的《兵志》。至于两位刊修官，宋祁是当时有名的才子，仁宗初年他和哥哥宋庠同时考进士科，他取中第一，宋庠第三，经垂帘听政的刘太后干预，说弟弟不好占先，才把第一名状元让给宋庠而他被改成第十。他生平写的诗文经后人汇总成《宋景文公集》，有一百五十卷之多，大部分还保存到今天。另一位欧阳修的名气就更大了，在古文的所谓唐宋八大家中，他名列宋人六家的首位。他留下的《欧阳文忠公集》也多至一百五十三卷，此外《二十四史》中原名《五代史记》今通称《新五代史》的，也是他在修成《新唐书》后以个人力量撰写的一部纪传史。因此从纂修《新唐书》的阵容来看，确实比修《旧唐书》时要强大。

修成的《新唐书》的质量怎么样？《新唐书》的纂修者当然认为很好。在曾公亮的进书表里就说这部新修的《唐书》和那部旧的相比较是“其事则增于前，其文则省于旧”，也就是说它记载的事情比旧的增多，而文字反而比旧的简省，即所谓“文省事增”。和《旧唐书》的“事实零落”相比，《新唐书》的纂修者认为是个大优点。再一个自认为大优点的是进书表里指出的“义类凡例，皆有据依”，也就是说能按照相传是孔子修《春秋经》的“一字褒贬”的笔法。譬如对他认为好的人该用什么好的褒义字眼，对坏的人该用什么坏的贬义字眼，都分类举例，即所谓有“义类凡例”。这种“一字褒贬”的修史法从司马迁写《史记》、班固写《汉书》以来，都不怎么去讲究，到修《新唐书》时才重新讲究起来，自夸为另一个大优点。对《新唐书》这两大优点，宋朝人也有不同的看法，但可能由于它是官修的，欧阳修、宋祁的名气又大，在宋代就取代了《旧唐书》成为记述唐代历史的唯一“正史”。当时的正史是《史记》、《汉书》、《后汉书》、《三国志》、《晋书》、《宋书》、《南齐书》、《梁书》、《陈书》、《魏书》、《北齐书》、《周书》、《隋书》、《南史》、《北史》、加上《新唐书》、《新五代史》十七部叫《十七史》、明代在《十七史》外加上《宋史》、《辽史》、《金史》和《元史》称为《二十一史》，都没有把《旧唐书》和另一部《旧五代史》算在里边。到清代在乾隆四年（1739 年）重新刊刻正史时，才把《二十一史》加上新修的《明史》和当年《旧唐书》合称《二十三史》，乾隆四十九年（1784 年）又刊刻《旧五代史》合称《二十四史》。当时把《旧唐书》恢复为正史的理由是认为《新》、《旧》两书都各有优缺点，所以应在“正史中两书并列，相辅而行”。

说《新唐书》和《旧唐书》各有优缺点是不错的，

但读者需要知道的是有哪些具体的优点和缺点。黄永年先生在《旧唐书选译》里已把《旧唐书》的优缺点讲清楚了，这里需要讲《新唐书》的优缺点。

先看本纪。这本纪通常也简称为“纪”，一个皇帝有一个本纪，实际上是以皇帝的年号来纪年的编年史。《旧唐书》本纪有个大缺点，即从高祖到文宗的本纪因为有实录作依据能翔实且有条理，而武宗以后的因为没有实录就比较芜杂。修《新唐书》时这些实录还都存在，宋敏求又补写了武宗以后的实录，应该修得比《旧唐书》好，但结果并非如此。《旧唐书》的本纪有二十卷，《新唐书》的本纪只有十卷，从字数来算还不到《旧唐书》本纪的三分之一，这就未免失之太简，有许多大事在《旧唐书》本纪上查得到，《新唐书》本纪上却没有，就不是“文省事增”而是“文省事减”了。再则所谓“一字褒贬”的《春秋》笔法有时也害人，例如凡记述叛军作战，《新唐书》本纪里规定都得写上叛军大头儿的姓名，而不写指挥这支叛军的是哪个将领，意思是要让大头儿来承担罪责，如安禄山叛乱时攻占长安的是孙孝哲指挥的叛军，《新唐书》玄宗本纪却写成“禄山陷京师”，其实安禄山本人仍在洛阳做伪皇帝，到死也不曾去长安。当然,《新唐书》的本纪也有许多地方是《旧唐书》本纪所失记的,有些地方是《新唐书》本纪正确的而《旧唐书》本纪错误的,这都应该用来补正《旧唐书》本纪。

再看志和表。《旧唐书》是十一个志共三十卷,《新唐书》则有十三个志共五十卷,是把《旧唐书》的礼仪志、音乐志合并成为礼乐志,又增加仪卫志、选举志和兵志,另外把《旧唐书》的舆服志改称车服志,职官志改称百官志,经籍志改称艺文志,而《旧唐书》的历志、天文志、五行志、地理志、食货志的名称在《新唐书》里不曾改换。《新唐书》这十三个志是花了气力撰写的。即使《旧唐书》里原有的,也没有照抄而另行撰写,增加了不少有用的资料。至于《旧唐书》里没有的志《新唐书》写了自然更有用,即使像兵志写得不够理想总比没有好。表也是这样,《旧唐书》里没有表,《新唐书》里有四种表,即记宰相任免年月的宰相表,记节度使设置分并年月的方镇表,记家族世系的宗室世系表和宰相世系表。这些表一共十五卷,查考起来都很有用。

再看列传。它通常简称"传",包括给将相大臣等立的"专传",和以类相从的如忠义、孝友、隐逸、循吏、儒学、文苑、方伎、列女、外戚、宦者等“类传”，还有给兄弟民族和外国立的“四裔传”。《旧唐书》和《新唐书》的列传都各有一百五十卷。卷数虽相同，立的传《新唐书》却比《旧唐书》增加了三百多个，还不算《新唐书》增立的二百十二个公主的传。这三百多个传里有些是被《旧唐书》遗漏掉的将相大臣如史大奈、白孝德、李栖筠、郑珣瑜等人的传，还有许多是唐末的重要人物，可能由于资料缺乏而没有能在《旧唐书》里立传的，如韩偓、周宝、杨行密等有好几十人，《新唐书》却给立了传。尽管有的传详细，有的简略，有的只有一两句话，但总多少提供了有用的史料，真正做到了“其事增于前”。当然，《新唐书》多数的传是《旧唐书》原有的，但《新唐书》也不是照抄而是重新写过。重写时做了两个工作：一是把《旧唐书》原文精简，连《旧唐书》原文里引用的讲对偶的骈体文诏令奏议，也改写成不用对偶的所谓古文；再是增加了一些《旧唐书》里没有写的史实。增加史实也就是做到了“其事增于前”，应该受后人欢迎，而过于精简却又会损失掉有用的史料。尤其是把骈体文的诏令、奏议硬要改成古文，就不仅失去文献的本来面目，而且有时用上些貌似古雅的字眼反而叫人很难懂得，在宋代就有人批评《新唐书》的列传“用字多奇涩”，遇到这种“用字多奇涩”处，只有对照《旧唐书》原文才能读下去。当然，从整体来说《新唐书》的列传还是写得比较好的，除了“用字多奇涩”外，即使从文学角度也是值得一读的。

最后给读者谈谈我们怎样撰写这本《新唐书选译》。先说选。纪传体正史里的志太专门，照例是不选的。表只供查无从读当然也不好选。本纪呢？绝大多数是流水账式的记载，只有太宗的本纪开头有点可读性，可《旧唐书选译》里已选了太宗的本纪，这里就不用重复了。所以还是选列传，正好《新唐书》里除了有武则天的则天顺圣武皇后本纪外，在列传的后妃里还有个则天武皇后的传，比本纪多些可读性，于是选进来好让读者了解这位女皇帝的本来面貌。在她以前的，选了李靖的传和魏徵的传，一位大将和一位名臣，正好一武一文，从这里可以看到唐代开国之初确实涌现过一批人材。在武则天以后的，选了刘子玄、王忠嗣和王维三个传。刘子玄即刘知幾，是众所周知的史学理论家，王维是著名的诗人兼画家，王忠嗣则是唐玄宗设置节度使后在西北边地位最高的节度使。接着又选了安禄山的传，他既是东北边地位最高的节度使，又是安史之乱的罪魁祸首。安史之乱后中唐时期选了三位文人的传，裴度是在平定藩镇叛乱中立过大功的宰相，白居易是位大诗人，李德裕是牛李党争中李党的首领，从他的传里可以看到当时统治集团内部的斗争是如何剧烈。晚唐的选了杨复光的传和崔胤的传，杨复光是个打黄巢农民军出了力的大宦官，崔胤则是依靠强镇朱温的兵力除掉了宦官，但又被朱温杀死的宰相，他被杀后不久，朱温就自立为皇帝而唐朝政权宣告结束。这本《新唐书选译》就选了这十二个传。这些传都不是《旧唐书》里没有的，《旧唐书》没有《新唐书》增加的传我们没有选，因为增加的只是比较次要的人物。选这十二个传实际是想补黄永年先生《旧唐书选译》选篇的不足，因为限于篇幅《旧唐书选译》只选了十个传，还有许多唐代的重要人物无法入选，我们这本《新唐书选译》正好来个增补，至于注和译，我们都按照《古代文史名著选译丛书》的通例。《新唐书》的正文则用中华书局的本子，因为它是以《百衲本二十四史》里的《新唐书》为底本，这是以现存《新唐书》

中最古的南宋刻残本配其他南宋刻残本影印的。但中华本的分段、标点都不甚精审，我们另起炉灶而不受其约束。有些传原文太长，枝节太多，我们则作了删节，至于原文有许多今天看来说得不妥当之处，则系纂修者的立场所决定，读者自能辨析，我们就不再多作解说。

再有一点得告诉读者，即这篇前言里有很多地方是用了黄永年先生的说法，前面说过，黄永年先生是我们的老师，用他的说法是经他同意的。因为这不是写论文，所以在引用时也就不再加上若干引号，这点也经黄永年先生同意。

雷巧玲（西安交通大学人文社科学院）
李成甲（深圳市市场监督管理局）

李 靖 传

李靖和李勣是唐朝初年地位最高、声名最大的两位名将①,《旧唐书》和《新唐书》都把两位合传。但两位的凭借却不相同,李靖出身于关中地区的军事世家,李勣则是山东地区武装力量的代表人物②。这里选译李靖的传,让读者了解这位关中军事世家子弟在建立巩固唐朝政权中所起的作用。他在当时第二个主要战场平定江南战役中实际上已成为统帅,以后打

① 勣:音 jī。 ② 山东:地理上的习惯用语,华山、崤山以东的广大地区,但在唐初所指山东往往不包括今山西省在内,因为今山西省是唐高祖李渊发迹的地方。

东突厥、打吐谷浑，他高明的指挥更加速了胜利的到来①。（选自卷九三）

李靖，字药师，京兆三原人②。姿貌魁秀，通书史。尝谓所亲曰："丈夫遭遇③，要当以功名取富贵，何至作章句儒④！"其舅韩擒虎每与论兵⑤，辄叹曰："可与语孙、吴者⑥，非斯人尚谁哉！"仕隋为殿内直长⑦。吏部尚书牛

① 东突厥：突厥是当时北方最强大的少数民族，疆域最广时，东至辽海，西达西海（今里海，一说咸海），南到阿姆河南，北过贝加尔湖。隋初分裂为东突厥和西突厥。吐谷（tū yù）浑：古代少数民族，生活在今青海北部到新疆东南部。② 京兆：隋京兆郡，治所在京师大兴城内，即今陕西西安。三原：今陕西三原。③ 丈夫：即"大丈夫"，泛指有大志、有作为、有气节的男子。④ 章句儒：章句，指经籍的章节、句读（dòu）。章句儒，指专讲经籍的章节、句读以及训诂的读书人，也就是取不到功名富贵的读书人。⑤ 韩擒虎：隋名将，《隋书》有传。⑥ 孙、吴：指孙武和吴起，孙武春秋时齐人，相传是今本《孙子》作者，吴起是战国时卫人，相传是今本《吴子》的作者，都以善用兵著称。⑦ 殿内直长：隋唐殿内省是掌管供奉的机构，下设尚食、尚药、尚衣、尚舍、尚乘、尚辇六局，六局的长官叫某局奉御，副职叫某局直长。

弘见之曰[1]："王佐才也[2]！"左仆射杨素拊其床谓曰[3]："卿终当坐此！"

大业末为马邑丞[4]。高祖击突厥，靖察有非常志，自囚上急变，传送江都[5]，至长安道梗[6]。高祖已定京师，将斩之，靖呼曰："公起兵为天下除暴乱[7]，欲就大事，以私怨杀谊士乎[8]？"秦王亦为请[9]，得释，引为三卫[10]。从

---

① 吏部尚书：尚书省是隋、唐掌管中枢行政的机构，省内分设吏、户、礼、兵、刑、工六部，六部长官叫某部尚书，副职叫某部侍郎。吏部掌管全国官吏的任免、考课、升降、调动等事务。牛弘：《隋书》、《北史》有传。 ② 王佐才：辅佐帝王成大业之才。 ③ 左仆射：尚书省长官叫尚书令，副职叫尚书左仆射（yè夜）、右仆射。到唐代因太宗做过尚书令，就不再任命别人充任，改以左、右仆射为长官。杨素：《隋书》、《北史》有传。拊（fǔ府）：拍。床：隋唐和其前把坐具和卧具都叫床，这里指坐的床，人跪坐在床上。 ④ 马邑：郡名，治所在今山西朔县。丞：郡的长官在隋炀帝时叫通守，辅佐的叫丞。 ⑤ 江都：郡名，治所在今江苏扬州，当时隋炀帝正在这里。 ⑥ 长安：隋、唐都城，正式名称叫京师，称长安是沿用汉代的名称，即今陕西西安。梗（gěng梗）：同"梗"，阻塞。 ⑦ 公：对尊长或平辈的敬称。 ⑧ 谊士：义士。 ⑨ 秦王：高祖第二子李世民当时是秦王，即后来的唐太宗。 ⑩ 三卫：隋、唐设有三卫，即亲卫、勋卫、翊卫。

平王世充①，以功授开府②。

萧铣据江陵③，诏靖安辑。从数童骑道金州④，会蛮贼邓世洛兵数万屯山谷间⑤，庐江王瑗讨不胜⑥，靖为瑗谋击却之。进至峡州⑦，阻铣兵不得前，帝谓逗留⑧，诏都督许绍斩靖⑨，绍为请而免。开州蛮冉肇则寇夔州⑩，赵郡王孝恭战未利⑪，靖率兵八百破其屯，要险设伏，斩肇则，俘禽五千⑫。帝谓左右曰："使功不如使过，靖果

---

① 王世充：隋末最大的割据者，《旧唐书》、《新唐书》有传。 ② 开府：开府仪同三司的省称，唐武德七年(624年)才以开府仪同三司为轻车都尉；"平王世充"是武德四年(621年)的事情，当时还沿隋制以开府仪同三司为从一品的高级官职。 ③ 萧铣：《旧唐书》、《新唐书》有传。江陵：县名，今湖北江陵。 ④ 金州：治所在今陕西安康。 ⑤ 蛮：我国古代对南方各族的泛称。贼：封建社会把反抗政府或扰乱治安的武装力量都称为贼。 ⑥ 庐江王瑗：庐江，郡名，治所在今安徽庐江西南，但庐江王并不真到那里去做王，只是个封号而已。庐江王李瑗是唐高祖从父兄子，《旧唐书》、《新唐书》有传。 ⑦ 峡州：治所在今湖北宜昌。 ⑧ 逗(dòu豆)：停留。 ⑨ 都督：唐上、中、下各都督府长官都叫都督。许绍：《旧唐书》、《新唐书》有传，但这里说他这时任峡州刺史，而峡州并未设都督府，《旧唐书·李靖传》说许绍是峡州都督，不知是否有错误。 ⑩ 开州：治所在今重庆开县。夔(kuí葵)州：治所在今重庆奉节县东。 ⑪ 赵郡：治所在今河北赵州。 ⑫ 禽：同"擒"。

然!”因手敕劳曰①:“既往不咎②,向事吾久已忘之。”靖遂陈图铣十策。有诏拜靖行军总管③,兼摄孝恭行军长史④,军政一委焉。

武德四年八月,大阅兵夔州。时秋潦⑤,涛濑涨恶⑥,铣以靖未能下,不设备。诸将亦请江平乃进⑦,靖曰:“兵机事,以速为神。今士始集,铣不及知,若乘水传垒⑧,是震霆不及塞耳,有能仓卒召兵,无以御我,此必禽也。”孝恭从之。九月,舟师叩夷陵⑨。铣将文士弘以卒数万屯清江⑩,孝恭欲击之,靖曰:“不可!士弘健将,下皆勇士,今新失荆门⑪,悉锐拒我,此救败之师,不可当。宜驻南岸,待其气衰乃取之。”孝恭不听,留靖守屯,自往与战,大败还。贼委舟散掠,靖视其乱,纵兵击破之,取四百馀艘,溺死者万人。即率轻兵五千为先锋趋江陵,薄城而营⑫,破其将杨君茂、郑文秀,俘甲士四千。孝恭军继进,铣大惧,檄召江南兵⑬,不及到,明日降。靖入其

---

① 敕(chì 斥):皇帝诏令的一种。 ② 咎(jiù 救):怪罪,处分。 ③ 行军总管:出征时临时设置的一支军队的统帅。 ④ 摄:代理。行军长史:元帅手下最主要的辅佐官。 ⑤ 潦(lǎo 老):雨水过多。 ⑥ 濑(lài 赖):流得很急的水。 ⑦ 江:长江。 ⑧ 垒:营垒。 ⑨ 夷陵:峡州的治所,今湖北宜昌。 ⑩ 清江:长江中游支流,在今湖北西南。 ⑪ 荆门:县名,今湖北荆门。 ⑫ 薄(bó):迫近。 ⑬ 檄(xí):古代用于征召或声讨等的文书。江南:泛指长江以南。

都，号令静严，军无私焉。或请靖籍铣将拒战者家资以赏军，靖曰："王者之兵，吊人而取有罪[1]，彼其胁驱以来，借以拒师，本非所情，不容以叛逆比之。今新定荆、郢[2]，宜示宽大，以慰其心，若降而籍之，恐自荆而南，坚城剧屯，驱之死守，非计之善也。"止不籍。由是江汉列城争下[3]。以功封永康县公[4]，检校荆州刺史[5]。乃度岭至桂州[6]，分道招慰。酋领冯盎等皆以子弟来谒[7]，南方悉定，裁量款效，承制补官。得郡凡九十六，户六十馀万。诏书劳勉，授岭南抚慰大使[8]，检校桂州总管。以岭海陋远，久不见德，非震威武、示礼义[9]，则无以变风，即率兵南巡，所过问疾苦，延见长老，宣布天子恩意，远近

---

① 吊人：古代有"吊民伐罪"的说法，即抚慰百姓，讨伐有罪。这里作"吊人"，是避李世民的御讳。 ② 荆：州名，治所在今湖北江陵。郢（yǐng 影）：州名，治所在今湖北钟祥。统指萧铣统治地区。 ③ 汉：汉水。 ④ 永康：今浙江永康。县公：次于郡公的封爵名称，但并非真的去永康上任。 ⑤ 检校（jiào）：不占正额而加授的官职。刺史：州的行政长官。 ⑥ 岭：指五岭，在今湖南、江西和广东、广西交界处。桂州：治所在今广西桂林。 ⑦ 冯盎（àng）：《旧唐书》、《新唐书》有传。 ⑧ 岭南：道名，因在五岭之南而得名。治所在今广东广州，范围约相当今广东、广西大部和越南北部。抚慰大使：唐代凡称"使"，都是临时派出的，抚慰大使有抚慰当地的重任。 ⑨ 礼义：泛指封建社会的社会规范和道德规范。

欢服。

辅公祏据丹杨反①，诏孝恭为帅，召靖入朝受方略，副孝恭东讨，李世勣等七总管皆受节度②。公祏遣冯惠亮以舟师三万屯当涂③，陈正通步骑二万屯青林④，自梁山连锁以断江道⑤，筑却月城⑥，延袤十馀里⑦，为掎角⑧。诸将议曰："彼劲兵连栅⑨，将不战疲老我师，若直取丹杨，空其巢窟，惠亮等自降。"靖曰："不然，二军虽精，而公祏所自将亦锐卒也！既保石头⑩，则牢未可拔。我留不得志，退有所忌，腹背蒙患，非百全计。且惠亮、正通，百战馀贼，非怯野斗，今方持重，特公祏立计尔。若出不意，挑攻其城，必破之。惠亮拔，公祏禽矣！"孝恭听之。靖率黄君汉等水陆皆进，苦战，杀伤万馀人，惠亮等亡去。靖将轻兵至丹杨，公祏惧，众尚多，不能战，乃

---

① 辅公祏：隋末随杜伏威起义，唐初曾称帝，成为南方割据势力之一，《旧唐书》、《新唐书》有传。丹杨：郡名，治所在今江苏南京。 ② 李世勣：原姓徐，名世勣，归唐后得姓李，到高宗时避太宗李世民御讳只名勣。 ③ 当涂：县名，今安徽当涂。 ④ 青林：山名，在今当涂东南。 ⑤ 梁山：在今当涂的长江对岸。 ⑥ 却月城：中间在后，左右突出，像月牙形的城。却月，半月、月牙。 ⑦ 袤（mào 冒）：周长。 ⑧ 掎（jǐ 己）角："掎"是拉住腿，"角"是抓住角，"掎角"指互相支援呼应。 ⑨ 栅（zhà）：栅栏。 ⑩ 石头：石头城，在今江苏南京西。

出走，禽之，江南平。置东南道行台①，以为行台兵部尚书，赐物千段、奴婢百口、马百匹。行台废，检校扬州大都督府长史②。帝叹曰："靖乃铣、公祏之膏肓也③，古韩、白、卫、霍何以加④。"

八年，突厥寇太原⑤，为行军总管，以江淮兵万人屯太谷⑥。时诸将多败，独靖以完军归。俄权检校安州大都督⑦。太宗践阼⑧，授刑部尚书，录功，赐实封四百户⑨，兼检校中书令⑩。突厥部种离畔⑪，帝方图进取，以

① 东南道行台：尚书省在东南道的临时分支机构，治所在今江苏南京。 ② 扬州：当时治所在今江苏南京，武德九年(626 年)才改设在今江苏扬州。大都督府长史：大都督一般由亲王遥领，也常为赠官，由长史主其事，这时赵郡王李孝恭为大都督。 ③ 膏肓(gāo huāng 高荒)：我国古代医学把心尖脂肪叫膏，心脏和膈(gé)膜之间叫肓，认为膏肓之间是药力达不到的地方，引申为致命之病。 ④ 韩：西汉韩信。白：秦白起。卫：西汉卫青。霍：西汉霍去病。都是善用兵的名将。 ⑤ 太原：县名，今山西太原。 ⑥ 太谷：县名，今山西太谷。 ⑦ 安州：治所在今湖北安陆。 ⑧ 践阼：阼本指大堂前东面的台阶，封建时代称帝王即位为践阼。 ⑨ 实封：唐代封爵中的食邑若干户，称为虚封，只有称"实封若干户"才能得到这若干户的租调。 ⑩ 中书令：中书省是唐掌军国政令的机构，长官叫中书令，在唐初是宰相。 ⑪ 畔：同"叛"。

兵部尚书为定襄道行军总管①，率劲骑三千繇马邑趋恶阳岭②。颉利可汗大惊③，曰："兵不倾国来，靖敢提孤军至此？"于是帐部数恐。靖纵谍者离惎腹心④，夜袭定襄，破之，可汗脱身遁碛口⑤。进封代国公⑥。帝曰："李陵以步卒五千绝漠⑦，然卒降匈奴⑧，其功尚得书竹帛⑨。靖以骑三千，蹀血虏庭⑩，遂取定襄，古未有辈，足澡吾渭水之耻矣⑪！"

颉利走保铁山⑫，遣使者谢罪，请举国内附。以靖为

---

① 定襄：在今内蒙古清水河境内。当时大征战都派大将出任某道行军大总管或行军总管，道大致按行军方位、作战地点命名，并非行政区划。 ② 繇：同"由"。恶阳岭：在今山西平鲁县西北。 ③ 可汗：古代北方兄弟民族柔然、突厥、回纥、蒙古等的最高统治者的称号。 ④ 惎(jì忌)：毒害、忌恨。 ⑤ 碛(qì戚)：沙漠。 ⑥ 代：州名，治所在今山西代县。国公：爵位名，位次郡王，在郡公之上，这代国公也不真到代州做公，只是个封号。 ⑦ 李陵：汉武帝时为骑都尉，率兵出击匈奴，战败投降，后病死匈奴。 ⑧ 匈奴：战国、秦、汉之际活动在我国北方的极为强大的少数民族。 ⑨ 竹帛：竹简和帛，古代供书写之用，引申指史书。 ⑩ 蹀(dié蝶)血：杀人流血，踏血而行，形容杀人之多。虏(lǔ鲁)：对敌方的蔑称。 ⑪ 澡(zǎo早)：洗。渭水之耻：唐初，突厥常南下骚扰，武德九年八月，太宗刚即位，颉利、突利二可汗率领百万大军直至渭水便桥以北，威逼长安，使唐朝蒙受羞辱。 ⑫ 铁山：在今内蒙古阴山北。

定襄道总管往迎之，又遣鸿胪卿唐俭、将军安修仁尉抚①。靖谓副将张公谨曰②：“诏使到，虏必自安，若万骑赍二十日粮③，自白道袭之④，必得所欲。”公谨曰：“上已与约降，行人在彼，奈何?”靖曰：“机不可失，韩信所以破齐也⑤，如唐俭辈何足惜哉!”督兵疾进，行遇候逻⑥，皆俘以从。去其牙七里乃觉⑦，部众震溃，斩万馀级⑧，俘男女十万，禽其子叠罗施，杀义成公主⑨。颉利亡去，为大同道行军总管张宝相禽以献⑩。于是斥地自阴山北至大漠矣⑪。帝因大赦天下，赐民五日酺⑫。

---

① 鸿胪(lú 卢)卿：鸿胪寺是掌外事接待与凶丧之仪的机构，长官称鸿胪卿。唐俭：《旧唐书》、《新唐书》有传。安修仁：《旧唐书》、《新唐书》有传。 ② 张公谨：《旧唐书》、《新唐书》有传。 ③ 赍(jī)：带着。 ④ 白道：在今内蒙古呼和浩特西北。为阴山南北重要通道之一。 ⑤ 齐：指楚汉之争时的齐国，今山东泰山以北黄河流域及胶东半岛地区。 ⑥ 候逻：巡逻侦察兵。 ⑦ 牙：突厥可汗所驻之处。 ⑧ 级：古代秦国的法律规定，在战争中斩得一个人头赐爵一级，后来就把斩下的人头叫首级，也简称级。 ⑨ 义成公主：隋文帝以宗女义成公主嫁给东突厥突利可汗，以后又先后嫁给处罗可汗、颉利可汗。 ⑩ 大同：今山西大同。张宝相：《旧唐书》、《新唐书》有传。 ⑪ 阴山：在今内蒙古自治区中部，东西走向。大漠：即大沙漠，旧泛指我国西北部一带的广大沙漠地区。 ⑫ 酺(pú 葡)：聚会饮酒。

御史大夫萧瑀劾靖持军无律①，纵士大掠，散失奇宝。帝召让之，靖无所辩，顿首谢。帝徐曰："隋史万岁破达头可汗②，不赏而诛。朕不然③，赦公之罪，录公之功。"乃进左光禄大夫④，赐绢千匹，增户至五百。既而曰："向人谮短公⑤，朕今悟矣。"加赐帛二千匹，迁尚书右仆射。

靖每参议，恂恂似不能言⑥，以沉厚称。时遣使十六道巡察风俗⑦，以靖为畿内道大使⑧。会足疾，恳乞骸骨⑨，帝遣中书侍郎岑文本谕旨曰⑩："自古富贵而知止

① 御史大夫：专掌监察、执法，为御史台的长官。 ② 史万岁：隋著名将领，开皇二十年，出塞击败西突厥达头可汗。同年被指为废太子杨勇党而遭冤杀。 ③ 朕（zhèn 震）：封建社会皇帝的自称。 ④ 光禄大夫：文散官，所谓散官都是荣誉性的，不同职事官之有实职。 ⑤ 谮（zèn）：说坏话诬陷别人。 ⑥ 恂（xún 旬）恂：恭敬谨慎的样子。 ⑦ 十六道巡察风俗：唐太宗贞观元年，太宗按山川形势分天下为十道，但所派黜陟使巡察风俗并不按十道分遣。 ⑧ 畿（jī 机）内道：贞观元年所设十道中有关内道，治所在今陕西西安，辖境相当今陕西秦岭以北，甘肃祖厉河流域以东，内蒙古呼和浩特市以西、阴山狼山以南的河套等地和宁夏。这畿内道可能只指京师附近地区。 ⑨ 乞骸（hái 孩）骨：辞官。唐朝五品以上的官要求退休必须奏请君相批准，六品以下官只需尚书省吏部办理，然后录奏。 ⑩ 中书侍郎：中书令的副职。岑文本：《旧唐书》、《新唐书》有传。

者盖少，虽疾顿惫①，犹力于进。公今引大体，朕深嘉之，欲成公美，为一代法，不可不听。”乃授检校特进②，就第，赐物段千、尚乘马二③，禄赐、国官、府佐皆勿废④，若疾少间，三日一至门下中书平章政事⑤，加赐灵寿杖。

顷之，吐谷浑寇边，帝谓侍臣曰：“靖能复起为帅乎？”靖往见房玄龄⑥，曰：“吾虽老，尚堪一行。”帝喜，以为西海道行军大总管⑦，任城王道宗、侯君集、李大亮、李道彦、高甑生五总管兵皆属⑧。军次伏俟城⑨，吐谷浑尽火其莽，退保大非川⑩。诸将议，春草未牙，马弱不可战。

---

① 顿：困顿。惫（bèi 备）：疲惫，极度疲乏。 ② 特进：文散官。 ③ 尚乘：殿中省六尚局之一，掌管天子内外闲厩的马。 ④ 禄赐：即俸禄。唐制，五品以上官退休后仅可享受半俸，给全俸是特恩。 ⑤ 门下中书：即中书门下。唐初设中书、尚书、门下三省，三省长官共同在门下省的政事堂议论政务。后迁政事堂于中书省。玄宗开元年间，改政事堂为中书门下。平章：商量处理。“平章政事”成为宰相名号是从李靖开始的。 ⑥ 房玄龄：《旧唐书》、《新唐书》有传。 ⑦ 西海：今青海省内的青海湖，和前面所说西海不是一个概念。 ⑧ 任城王道宗、侯君集、李大亮、李道彦：《旧唐书》、《新唐书》均有传。任城：今山东济宁。高甑生：《旧唐书》有传。 ⑨ 伏俟城：在今青海省青海湖西岸布哈河河口附近。 ⑩ 大非川：今青海共和县西南切吉平原，一说为今青海湖西布哈河。

靖决策深入，遂逾积石山①，大战数十，多所杀获，残其国，国人多降，吐谷浑伏允愁蹙自经死②，靖更立大宁王慕容顺而还③。甑生军繇盐泽道后期④，靖簿责之⑤，既归而憾，与广州长史唐奉义告靖谋反⑥。有司按验无状⑦，甑生等以诬罔论⑧。靖乃阖门自守⑨，宾客亲戚一谢遣。改卫国公⑩，其妻卒，诏坟制如卫、霍故事，筑阙象铁山、积石山⑪，以旌其功，进开府仪同三司⑫。

帝将伐辽⑬，召靖入，谓曰："公南平吴⑭，北破突厥，西定吐谷浑，惟高丽未服⑮，亦有意乎？"对曰："往凭天威，得效尺寸功。今疾虽衰，陛下诚不弃⑯，病且瘳

① 积石山：在青海省东南部，延伸至甘肃省南部边境。为昆仑山脉中支。 ② 蹙（cù 促）：窘迫。 ③ 大宁王慕容顺：慕容伏允之子。 ④ 盐泽：今新疆罗布泊。 ⑤ 簿责：用文书责问。 ⑥ 广州：治所在今广东广州。 ⑦ 有司：官吏，古代设官分职，事各有专司，故称有司。 ⑧ 罔：蒙蔽，诬。 ⑨ 阖（hé 盒）：关闭。 ⑩ 卫：今河南卫县。 ⑪ 阙（què）：古代宫殿、祠庙、陵墓前的高建筑物，左右各一，中间空缺，所以叫阙。 ⑫ 开府仪同三司：这时又成为文散官。 ⑬ 辽：指辽河以东地区，当时高丽已发展到这里，征辽即打高丽。 ⑭ 吴：指萧铣所占据的江南地区。 ⑮ 高丽：国都在今朝鲜民主主义人民共和国首都平壤。 ⑯ 陛下：陛是帝王宫殿的台阶，朝臣若要向天子进言，不敢直接与天子通话，而要由在陛下的近臣转告，因此"陛下"就变为对帝王的尊称。

矣①。”帝悯其老，不许。二十三年，病甚，帝幸其第②，流涕曰：“公乃朕生平故人，于国有劳。今疾若此，为公忧之。”薨③，年七十九，赠司徒、并州都督④，给班剑、羽葆、鼓吹⑤，陪葬昭陵⑥，谥景武⑦。

【翻译】

李靖，字叫药师，是京兆郡三原县人。他身体魁梧挺秀，通晓书史。曾对亲近的说：“大丈夫遭逢，应该凭功名来博取富贵，何至于做个章句儒生！”他舅父韩擒虎常和他论兵，都赞叹道：“可以讲孙、吴兵法的，除了这人还有谁呢！”李靖在隋朝出仕任殿内直长。吏部尚书牛弘见了说：“是王佐之才啊！”左仆射杨素拍着自己的床

---

① 瘳(chōu 抽)：病愈。 ② 幸：表敬词，这儿特指帝王到某处去。 ③ 薨(hōng 轰)：古代称诸侯死叫薨，唐代二品以上的官死也叫薨。 ④ 司徒：太尉、司徒、司空统称三公，唐代名义上为正一品职事官，实际上变成荣誉性的加官、赠官。并州：治所在今山西太原西南。 ⑤ 班剑：古代饰有花纹的木剑，由持此木剑的若干人组成仪仗队，也称斑剑。羽葆：古时用鸟羽装饰的车盖。鼓吹：古代的一种器乐合奏。 ⑥ 昭陵：唐太宗陵墓，在今陕西礼泉的九嵕(zōng 宗)山上。 ⑦ 谥(shì 试)：封建时代在人死后按其生前事迹评定褒贬给予的称号。唐代三品以上的职事官和二品以上的散官，死后照例要赐给谥号。

说:“你最终要坐到这里!”

隋炀帝大业末年李靖任马邑丞。唐高祖抗击突厥,李靖察觉高祖有非常的图谋,便把自己囚起来告急变,让传送去江都,走到长安道路阻塞不通。唐高祖平定了京师,要将李靖处斩,李靖叫道:“公起义兵是为天下除暴乱,要成大事,却要为私怨而杀害义士吗?”秦王也给他请求,获得释放,秦王召他为三卫。他跟着去打平王世充,因功授官开府。

萧铣占据江陵,高祖下诏叫李靖前往安辑,李靖带了几个僮仆轻骑经过金州,遇逢上蛮贼邓世洛的数万兵众屯聚在山谷里,庐江王李瑗征讨不能取胜,靖为李瑗设计把他们打退。前进到峡州,被萧铣的军队阻拦无法前进,高祖说李靖逗留不前,下诏叫都督许绍把李靖处斩,许绍给李靖请求才被赦免。开州蛮叫冉肇则的骚扰夔州,赵郡王李孝恭出战不利。靖率领八百兵众攻破营屯,又在险要地段设下埋伏,斩杀冉肇则,俘获敌军五千人。高祖对左右说:“用有功的不如用有过失的,李靖果然如此!”因而亲笔下敕书道:“既往不咎,过去的事我早已忘了!”李靖陈说进取萧铣的十条办法。高祖下诏拜靖为行军总管,又兼代李孝恭的行军长史,军政一概交他处理。

唐高祖武德四年(621 年)八月,李靖在夔州大阅兵。

当时秋季霖雨，江水暴涨，萧铣以为李靖不可能顺流而下，不做防备。诸将也要求江水平静后再进军，靖说："用兵是机捷之事，贵在神速。当今战士刚结集，萧铣还不曾发觉，如果趁水势抵达敌垒，犹如疾雷不及掩耳，即使萧铣仓猝调集兵众，也无法抵御，这就一定被我擒获。"孝恭听从了。九月里，水军攻打夷陵。萧铣的将领文士弘带几万兵众驻扎在清江，李孝恭要攻打，李靖说："不行！文士弘是健将，手下都是勇士，如今刚丢失荆门，集中精锐来抗拒我军，这是救败之师，势不可挡。应该驻守南岸，等他们士气衰落才攻取。"孝恭不听，留下李靖守屯营，自己前往攻打，大败而回。贼兵丢下船分散抢掠，李靖看到混乱，挥兵出击把他们打败，缴获舰船四百多艘，淹死敌军上万人。随即率领轻兵五千为先锋直趋江陵，逼近城扎下营，打败敌将杨君茂、郑文秀，俘虏甲士四千多人。李孝恭军接踵而来，萧铣大为恐惧，下檄文征召江南的兵众，来不及赶到，第二天萧铣就投降了。李靖进驻萧铣的都城江陵，号令严明安静，士兵没有私自抢掠的。有人建议李靖把萧铣将领中拒战的家产用来奖赏兵众，李靖说："王者之师，吊民伐罪，这些人是被胁迫而来，借以抵挡我军，并非他们的本愿，不应把他们当作叛逆看待。如今荆、郢刚刚平定，应该表示宽大，来安定人心，如果投降反而被籍没家资，恐怕自荆州以南，那些坚城强屯，都被迫死守，这实在不是好办法。”制止不叫籍没，因此长江、汉水流域各城争相降顺。李靖因功封为永康县公，检校荆州刺史。于是李靖越过五岭到达桂州，派人分道招抚。酋长冯盎等都派子弟前来谒见，南方全部平定。李靖根据投顺的情况，秉承皇上旨意分别授以官职。共得到郡九十六个、户六十多万。高祖下诏慰劳勉励，任李靖为岭南抚慰大使、检校桂州总管。李靖认为岭海僻陋边远，长久不受到恩德，除了用武力震慑，以礼义教化，无法改变风俗，就率领众兵南巡，所过之处询问百姓的疾苦，接见长老，宣布天子的恩意，远近都欢欣臣服。

辅公祏据有丹杨反叛，高祖下诏叫李孝恭为元帅，召李靖入朝承受方略，任李孝恭的副帅东讨，李世勣等七个总管都受节制指挥。辅公祏派冯惠亮带水军三万驻守当涂，陈正通带步骑二万在青林山扎营，从梁山连铁锁切断长江通道，修筑却月城，长达十几里，形成掎角之势。将领们商议道：“对方劲兵连栅，企图不出战而使我军疲劳，如果我军直取丹杨，捣空他们的老巢，冯惠亮等自行投降。”靖说：“不是这样，这二军虽精锐，可辅公祏自己率领的也是锐卒啊！他既然守住石头城，就坚牢不易攻拔。我们留下来不能得志，撤退又有所顾忌，腹背受敌，非万全之计。而且冯惠亮、陈正通都是身经百战之徒，并非害怕野战。如今却持重起来，这是辅公祏的计谋。如果出其不意，对城栅挑战进攻，一定能攻破。冯惠亮既被打下，公祏就成擒了！”孝恭听从了。李靖率领黄君汉等水陆两路同时进，经过苦战，杀伤敌人一万多人，冯惠亮等逃跑。李靖率领轻兵到达丹杨，辅公祏恐惧，兵众还很多，可不能打了，就出城逃走，被擒获，江南平定。朝廷在这里设置东南道行台，任李靖为行台兵部尚书，赐物一千段、奴婢一百口，马一百匹。行台废后，任李靖检校扬州大都督府长史。高祖赞叹道：“李靖是萧铣、辅公祏的膏肓，古代名将韩信、白起、卫青和霍去病也不能超过。”

武德八年(625年)，突厥侵犯太原，靖为行军总管，统领江淮兵一万人驻守在太谷。当时将领们多战败，独有李靖全军完整归来。不久李靖权检校安州大都督。太宗即位，李靖授为刑部尚书，录他的功绩，赐实封四百户，兼检校中书令。突厥部众离叛，太宗正准备进取，李靖以兵部尚书任定襄道行军总管，率领劲骑三千由马邑进逼恶阳岭。颉利可汗大惊，说：“唐兵若不是倾国而来，李靖怎敢提孤军深入到这里？”于是牙帐部众多次惊恐。李靖派间谍离间他们的心腹，在夜里进袭定襄，一举攻破，颉利可汗脱身逃到碛口。李靖进封为代国公。太宗说：“李陵率领步卒五千越过大漠，然而最终投降匈奴，他的功劳尚且可以载入史册。李靖以骑三千，蹀血虏庭，就攻取定襄，这是古来未有过的，足以雪我渭水之耻了！”

颉利逃走驻守铁山，派使臣请罪，恳求全境归附。太宗派李靖为定襄道总管前去迎接，又遣鸿胪卿唐俭、将军安修仁去抚慰。李靖对副将张公谨说：“诏使到达，虏必然自安，如果动用一万骑携带二十天粮食，从白道袭击，定能达到目的。”张公谨说：“皇上已和突厥约降，我们的使臣还在那里，怎么办呢？”靖说：“机会不可失掉，这是韩信之所以破齐的原因，像唐俭之流何足惋惜！”于是督率大军快速前进，中途遇到突厥的巡逻侦察，都俘获了叫跟着走。在距离可汗牙七里时才被发觉，突厥部众震惊溃散，斩杀一万多级，俘虏男女十万，擒获颉利可汗的儿子叠罗施，杀死隋义成公主。颉利逃走，被大同道行军总管张宝相擒拿献给朝廷。于是开拓了从阴山到大漠的疆域。太宗因此大赦天下，赐百姓畅饮五日。

御史大夫萧瑀弹劾李靖带兵不讲纪律，放纵士卒大肆掠夺，致使奇珍异宝散失。太宗召见李靖责备，李靖不作辩解，叩头请罪。太宗慢慢地说：“隋朝史万岁打败达头可汗，不受赏反而被杀。朕不是这样，赦免公的罪过，记录公的功勋。”于是晋升靖为左光禄大夫，赐绢一千匹，实封增加到五百户。不久，太宗对李靖说："过去有人诬陷公，朕现在明白了。"加赐帛二千匹，升迁他为尚书右仆射。

李靖每逢参议朝政，恭敬谨慎，好似不善言谈，以沉厚著称。当时朝廷派使臣分十六道去巡察风俗，任李靖为畿内道大使。恰巧李靖有足疾，恳乞骸骨，太宗派中书侍郎岑文本传达旨意道："自古以来富贵了而能知道休止的大概很少，有的即使病得困顿疲惫，还锐意进取。公如今能识大体，朕深为嘉赏，要成公之美，为一代楷模，不可不听从公的请求。"就授李靖检校特进，让他住在第宅里，赐物一千段、尚乘马二匹，俸禄和国公手下的官、府里的僚佐都依旧不减省，如果病情好转，可每三日到门下中书平章政事，加赐灵寿杖。

不久，吐谷浑侵犯边疆，太宗问侍臣说："李靖能重新起来做统帅吗？"李靖前去见房玄龄，说："我虽年老，还能去一次效力。"太宗很高兴，任命李靖为西海道行军大总管，任城王道宗、侯君集、李大亮、李道彦、高甑生五总管的兵都归他指挥。大军进驻到伏俟城，吐谷浑把野草都烧掉，退守大非川。将领们商议，这时春草还没抽芽，战马疲弱不能作战。李靖决策深入，就越过积石山，大战几十次，多所斩杀虏获，残破吐谷浑国，臣民多投降，国王伏允窘迫无路上吊自杀，李靖另立大宁王慕容顺为可汗然后回军。高甑生由盐泽道进军延误日期，李靖行文书责问他。回军后高甑生怀恨，同广州长史唐奉义诬告李靖谋反，法官查验没有这回事，高甑生等人以诬告论处。李靖于是关门自守，宾客亲戚一概谢绝。改封卫国公。他的妻去世，下诏坟墓的规格和卫青、霍去病一样，筑阙象铁山、积石山，用以表彰功绩，进封李靖为开府仪同三司。

太宗将要讨伐辽东，召靖进见，说："公南平吴，北破突厥，西平定吐谷浑，只有高丽还未臣服，公有意思吗？"李靖回答说："过去依仗天威，得效尺寸之功。如今虽有病衰老，陛下真不嫌弃，病将快好了。"太宗怜悯他年老，没有同意。贞观二十三年(649年)，李靖病重，太宗临幸他的府第，流着眼泪说："公是朕生平故人，于国家有勋劳。如今病得如此，替公担忧。"李靖薨，享年七十九岁，追赠司徒、并州都督，给班剑、羽葆、鼓吹，陪葬昭陵，谥号叫景武。

魏 徵 传

魏徵是我国历史上以敢于向皇帝进谏而著称的人物。但他在当时之所以能被重用，更重要的原因还在于他出身山东地区、而且和瓦岗军有历史渊源，因此在唐高祖时，需要利用他去争取以李勣为首的瓦岗余部，到贞观初年唐太宗又得利用他去安抚河北州县的太子建成、齐王元吉的残留势力，这才是他为巩固唐朝统治建立的两大功绩，至于他在贞观朝的进谏和唐太宗的纳谏，对所谓贞观之治自然也起一点作用，但和上两项相比恐怕还不免是次要的。（选自卷九七）

魏徵，字玄成，魏州曲城人①。少孤落魄②，弃资产不营，有大志，通贯书术。

隋乱，诡为道士。武阳郡丞元宝藏举兵应李密③，以徵典书檄。密得宝藏书，辄称善，既闻徵所为，促召之。徵进十策说密，不能用。王世充攻洛口④，徵见长史郑颋曰⑤："魏公虽骤胜⑥，而骁将锐士死伤略尽，又府无见财⑦，战胜不赏，此二者不可以战。若浚池峭垒，旷日持久，贼粮尽且去，我追击之，取胜之道也。"颋曰："老儒常语耳！"徵不谢去。

后从密来京师，久之未知名，自请安辑山东，乃擢秘书丞⑧，驰驲至黎阳⑨。时李勣尚为密守，徵与节曰："始魏公起叛徒，振臂大呼，众数十万，威之所被半天下，然

---

① 魏州：治所在今河北大名。曲城：今山东莱州。 ② 落魄(pò，又读 tuò 拓)：穷困失意。 ③ 武阳：郡名。隋大业初改魏州置。唐武德四年复改为魏州。李密：《隋书》、《旧唐书》、《新唐书》有传。 ④ 洛口：今河南巩县东北，因地处洛水入黄河而得名。 ⑤ 颋：音 tǐng 挺。 ⑥ 魏公：即李密，隋大业十三年(617 年)被推为瓦岗农民起义军首领，称魏公。骤(zhòu 宙)：这里是屡次的意思。 ⑦ 见：音义同"现"。 ⑧ 秘书丞：秘书省是专门掌管经籍图书的机构。长官称秘书监，副职为少监，其下又有秘书丞。 ⑨ 驲(rì 日)：古代驿站专用的车。黎阳：在今河南浚县西南，是当时河北地区的战略要地，李勣在这里据守。

而一败不振，卒归唐者，固知天命有所归也！今君处必争之地，不早自图，则大事去矣”！勣得书，遂定计归，而大发粟馈淮安王之军①。

会窦建德陷黎阳②，获徵，伪拜起居舍人③。建德败，与裴矩走入关④，隐太子引为洗马⑤。徵见秦王功高，阴劝太子早为计。太子败，王责谓曰：“尔阋吾兄弟⑥，奈何？”答曰：“太子蚤从徵言⑦，不死今日之祸。”王器其直，无恨意。

即位，拜谏议大夫⑧，封巨鹿县男⑨。当是时，河北

---

① 淮安王：淮安，郡名，治所在今河南泌阳。淮安王李神通，唐高祖从父弟。 ② 窦建德：河北地区的农民起义军领袖，《旧唐书》、《新唐书》有传。 ③ 伪：不合法的。唐朝认为窦建德所建夏政权是不合法的伪政权，称在那任职为“伪拜”。起居舍人：隋在内史省（中书省）设起居舍人，主要是记录整理天子的制诰德音。 ④ 裴矩：《隋书》、《旧唐书》、《新唐书》有传。 ⑤ 隐太子：唐高祖的太子李建成被李世民杀死后谥号叫隐，后追赠为皇太子，所以这里叫隐太子。洗马：东宫官属，为太子掌管传达，太子出则为前导，洗马也就是“先马”。 ⑥ 阋（xì 隙）：指兄弟间相争，这里是使兄弟间相争。 ⑦ 蚤（zǎo 早）：通“早”。 ⑧ 谏议大夫：门下省的专掌侍从规谏的官。 ⑨ 巨鹿：在今河北平乡西南。县男：唐代最低一级的封爵。

州县素事隐、巢者不自安①，往往曹伏思乱。徵白太宗曰："不示至公，祸不可解。"帝曰："尔行安喻河北。"道遇太子千牛李志安、齐王护军李思行传送京师②，徵与其副谋曰："属有诏③，宫府旧人普原之④。今复执送志安等，谁不自疑者，吾属虽往，人不信。"即贷而后闻⑤。使还，帝悦，日益亲，或引至卧内，访天下事。徵亦自以不世遇⑥，乃展尽底蕴无所隐⑦，凡二百余奏，无不剀切当帝心者⑧。由是拜尚书右丞⑨，兼谏议大夫。

左右有毁徵阿党亲戚者⑩，帝使温彦博按讯⑪，非是。彦博曰："徵为人臣，不能著形迹⑫，远嫌疑，而被飞谤，是宜责也。"帝谓彦博行让徵。徵见帝谢曰："臣闻君

① 河北：道名，治所在今河北大名东北。辖境相当今北京市、天津市、河北省、辽宁省大部，河南、山东古黄河以北地区。巢：唐高祖第四子齐王李元吉被李世民杀死后谥号叫剌，后追赠为巢王，这里称巢即指李元吉。 ② 太子千牛：太子的亲身护卫。李思行：《旧唐书》、《新唐书》有传。 ③ 属(zhǔ 主)：适值。 ④ 宫：指太子建成的东宫。府：指齐王李元吉的齐王府。 ⑤ 贷(dài 代)：饶恕、宽免。 ⑥ 不世：罕有，非常。 ⑦ 底蕴：底细，心里所有的东西。 ⑧ 剀(kǎi 凯)切：恳切，切合事理。 ⑨ 尚书右丞：唐尚书省设左、右丞以辅佐左、右仆射，左丞总辖吏、户、礼三部，右丞总辖兵、刑、工三部。 ⑩ 阿(ē)：偏袒。 ⑪ 温彦博：《旧唐书》、《新唐书》有传。 ⑫ 形迹：指仪容礼貌。

臣同心，是谓一体，岂有置至公，事形迹？若上下共由兹路，邦之兴丧未可知也！”帝矍然曰①：“吾悟之矣。”徵顿首曰：“愿陛下俾臣为良臣，毋俾臣为忠臣。”帝曰：“忠、良异乎？”曰：“……良臣身荷美名，君都显号②，子孙传承，流祚无疆③；忠臣己婴祸诛④，君陷昏恶，丧国夷家，只取空名。此其异也。”帝曰：“善。”因问：“为君者何道而明，何失而暗？”徵曰：“君所以明，兼听也；所以暗，偏信也。……君能兼听，则奸人不得壅蔽，而下情通矣。”……

贞观三年，以秘书监参豫朝政⑤。高昌王麴文泰将入朝⑥，西域诸国欲因文泰悉遣使者奉献⑦，帝诏文泰使人厌怛纥干迎之⑧。徵曰：“异时文泰入朝，所过供拟不能具，今又加诸国焉，则濒塞州县以乏致罪者众⑨。彼以商贾来⑩，则边人为之利；若宾客之，中国萧然耗矣⑪。……”帝曰：“善。”追止其诏。

---

① 矍（jué 决）然：惊惶貌，惊醒貌。 ② 都：居。 ③ 疆（jiāng）：界限。 ④ 婴：触。 ⑤ 豫：通“预”。 ⑥ 高昌：古国名，国都在今新疆吐鲁番东。麴（qū 曲）：姓。 ⑦ 西域：玉门关、阳关以西地区的总称。 ⑧ 怛：音 dá 达。 ⑨ 塞（sài）：边界上的险要地方。 ⑩ 商贾（gǔ 古）：商人。 ⑪ 中国：指中原地区，和通常所说中国不是一个概念。萧然：骚扰貌。

于是帝即位四年，岁断死二十九，几至刑措[①]，米斗三钱。先是，帝尝叹曰："今大乱之后，其难治乎？"徵曰："大乱之易治，譬饥人之易食也。"……至是，天下大治。蛮夷君长袭衣冠[②]，带刀宿卫[③]。东薄海，南逾岭，户闔不闭[④]，行旅不赍粮，取给于道[⑤]。帝谓群臣曰："此徵劝我行仁义，既效矣。"……俄检校侍中[⑥]，进爵郡公。

帝幸九成宫[⑦]，宫御舍围川宫下[⑧]，仆射李靖、侍中王珪继至[⑨]，吏改馆宫御以舍靖、珪。帝闻，怒曰："威福由是等邪[⑩]？何轻我宫人！"诏并按之。徵曰："靖、珪皆陛下腹心大臣，宫人止后宫扫除隶耳。方大臣出，官吏咨朝廷法式；归来，陛下问人间疾苦。夫官舍[⑪]，固靖等见官吏之所，吏不可不谒也[⑫]。至宫人则不然，供馈之

---

① 刑措：措是搁置、废置，刑措就是刑法搁置不用。② 蛮夷：我国古代对少数民族的泛称。③ 宿卫：在宫中值宿担任警卫。④ 闔(hé 盒)：门扇。⑤ 给(jǐ)：供给。⑥ 侍中：门下省是唐朝主要负责审议与封驳的机构。长官为侍中。但因官位特高，仅作为大臣的加衔。⑦ 九成宫：唐离宫名，在陕西麟游县西。⑧ 宫御：宫女。围川：本名沣川，县名，今陕西扶风。⑨ 王珪：《旧唐书》、《新唐书》有传。⑩ 威福：刑罚和奖赏。⑪ 官舍：官廨、衙门，指官府办事的地方或供官吏居住的属于朝廷或地方政府的住宅。⑫ 吏：地方政府中的小官。

馀①，无所参承②。以此按吏，且骇天下耳目③。”帝悟，寝不问。

后宴丹霄楼，酒中谓长孙无忌曰④：“魏徵、王珪事隐太子、巢剌王时诚可恶，我能弃怨用才，无羞古人。然徵每谏我不从，我发言辄不即应，何哉？”徵曰：“臣以事有不可，故谏，若不从辄应，恐遂行之。”帝曰：“弟即应⑤，须别陈论，顾不得⑥？”徵曰：“昔舜戒群臣⑦：‘尔无面从，退有后言⑧。’若面从可，方别陈论，此乃后言，非稷、卨所以事尧、舜也⑨。”帝大笑曰：“人言徵举动疏慢，我但见其妩媚耳⑩！”徵再拜曰：“陛下导臣使言，所以敢然；若不受，臣敢数批逆鳞哉⑪！”

七年，为侍中。尚书省滞讼不决者，诏徵平治。徵

① 馈：送进饮食。 ② 参承：参是参见，下级晋谒上级。承是接受、接见，上级接见下级。 ③ 骇（hài 亥）：惊骇，骇怪。 ④ 长孙无忌：《旧唐书》、《新唐书》有传。 ⑤ 弟：同“但”。 ⑥ 顾：义同“岂”、“难道”。 ⑦ 舜：传说中我国的古代圣君。 ⑧ 后言：背后议论。 ⑨ 稷：后稷，神话传说中周人的始祖，曾做尧舜的农官，教民耕种。卨（xiè 屑）：亦作偰、契，神话传说中商的始祖，曾助禹治水有功，被舜任为司徒，掌管教化。尧：神话传说中我国的古代圣君，年老后传位于舜。 ⑩ 妩媚：姿态美好可爱。 ⑪ 逆鳞：神话中说龙颈项下有逆鳞，即倒生的鳞片，触动了龙就发怒，因而称触人君之怒为批逆鳞。

不素习法，但存大体①，处事以情，人人悦服。进左光禄大夫、郑国公②。多病，辞职，帝曰："公独不见金在矿何足贵邪？善冶锻而为器，人乃宝之。朕方自比于金，以卿为良匠而加砺焉。卿虽疾，未及衰，庸得便尔？"徵恳请，数却愈牢。乃拜特进，知门下省事，诏朝章国典，参议得失，禄赐、国官、防阁并同职事③。……

后幸洛阳④，次昭仁宫⑤，多所谴责。徵曰："隋惟责不献食，或供奉不精，为此无限，而至于亡，故天命陛下代之，正当兢惧戒约⑥，奈何令人悔为不奢？若以为足，今不啻足矣⑦；以为不足，万此宁有足邪？"帝惊曰："非公，不闻此言。"……

它日，宴群臣，帝曰："贞观以前，从我定天下，间关草昧⑧，玄龄功也。贞观之后，纳忠谏，正朕违，为国家长

---

① 大体：重要的义理，有关大局的道理。 ② 郑：在今陕西华县东。 ③ 防阁(gé)：唐制京师文武职事官皆设置防阁之职，以防卫斋阁。职事：唐代的官分职事官、散官、爵、勋官四类，职事官才是真正的官，散官、勋官和爵都是荣誉性的，并无职务。魏徵所任特进是正二品的文散官，但知门下省事便有了实职，所以要说禄赐等待遇都同于职事官。 ④ 洛阳：在今河南洛阳东，是唐代的陪都，称东都、东京。 ⑤ 昭仁宫：应作显仁宫，隋炀帝所营建，在今河南宜阳东南。 ⑥ 兢(jīng)：小心谨慎，恐惧。 ⑦ 不啻(chì 翅)：也作"不翅"，不止，不仅。 ⑧ 间关：经历艰险。草昧：草创国家。

利，徵而已，虽古名臣，亦何以加！”亲解佩刀，以赐二人。帝尝问群臣：“徵与诸葛亮孰贤①？”岑文本曰：“亮才兼将相，非徵可比。”帝曰：“徵蹈履仁义以弼朕躬②，欲致之尧、舜，虽亮无以抗。”……

帝遣使者至西域立叶护可汗③，未还，又遣使赍金帛诸国市马。徵曰：“今立可汗未定，即诣诸国市马④，彼必以为意在马，不在立可汗。可汗得立，必不怀恩。诸蕃闻之，以中国薄义重利，未必得马而先失义矣。……”帝遂止。

是后右仆射缺，欲用徵，徵让，得不拜。皇太子承乾与魏王泰交恶⑤，帝曰：“当今忠謇贵重无逾徵⑥，我遣傅皇太子⑦，一天下之望，羽翼固矣。”即拜太子太师⑧。徵

---

① 诸葛亮：三国蜀汉政治家、军事家，《三国志》有传。② 弼（bì 币）：辅助。③ 叶护可汗：西突厥的乙毗沙钵罗叶护可汗。④ 诣（yì 意）：到。⑤ 皇太子承乾与魏王泰：皇太子李承乾是唐太宗长子，魏王李泰是第四子，都是长孙皇后亲生的，以争太子位在贞观十七年（643 年）同时被废黜，《旧唐书》、《新唐书》均有传。⑥ 謇（jiǎn 简）：忠诚、正直。⑦ 傅（fù）：教导、辅相。⑧ 太子太师：辅导太子的最高级官员。

以疾辞，诏答曰：“汉太子以四皓为助①，我赖公，其义也。公虽卧，可拥全之。”

十七年，疾甚。徵家初无正寝②，帝命辍小殿材为营构，五日毕。并赐素褥、布被，以从其尚。令中郎将宿其第③，动静辄以闻，药膳赐遗无算，中使者缀道④。帝亲问疾，屏左右，语终日乃还。后复与太子至徵第，徵加朝服，拖带⑤。帝悲懑⑥，拊之流涕，问所欲。对曰：“嫠不恤纬，而忧宗周之亡⑦！”帝将以衡山公主降其子叔玉，时主亦从，帝曰：“公强视新妇！”徵不能谢。是夕，帝梦徵若平生，及旦，薨。帝临哭，为之恸⑧，罢朝五日⑨，太子举哀西华堂，诏内外百官、朝集使皆赴丧⑩。赠司空、相

① 四皓：秦末东园公、甪(lù 路)里先生、绮里季、夏黄公隐居商山，皆八十多岁，时称“商山四皓”。传说西汉初，高祖敦聘不至，吕后用张良策，令太子卑词安车，招此四人与游，以巩固太子位置。 ② 正寝：住房的正室。 ③ 中郎将：唐诸卫都设有中郎将一人，在诸卫长官大将军、将军之下。 ④ 中使：帝王宫廷中派出的使者，指宦官。 ⑤ 拖(tuō)：同“拖”。 ⑥ 懑(mèn 闷)：烦闷。 ⑦ 嫠不恤纬，而忧宗周之亡：嫠(Lí 离)，寡妇。纬，织布用的纬纱。“嫠不恤纬，而忧宗周之亡”是说寡妇不忧其纬少，而恐国家灭亡。比喻忧国忘家。 ⑧ 恸(tòng 痛)：大哭，悲痛之至。 ⑨ 罢朝：唐代高级官员去世，朝廷停止朝会以致哀一日或数日，叫罢朝。 ⑩ 朝集使：唐各道每年遣使者朝集于京师，谒见皇帝、宰相，称朝集使。

州都督①，谥曰文贞，给羽葆、鼓吹、班剑四十人，陪葬昭陵。将葬，其妻裴辞曰："徵素俭约，今假一品礼，仪物褒大，非徵志。"见许，乃用素车，白布幨帷②，无涂车③、刍灵④。帝登苑西楼⑤，望哭尽哀。晋王奉诏致祭⑥。帝作文于碑，遂书之。又赐家封户九百⑦。

帝后临朝叹曰："以铜为鉴⑧，可正衣冠；以古为鉴，可知兴替；以人为鉴，可明得失。朕尝保此三鉴，内防己过。今魏徵逝，一鉴亡矣。朕比使人至其家，得书一纸，始半藁⑨，其可识者曰：'天下之事，有善有恶，任善人则国安，用恶人则国弊。公卿之内，情有爱憎，憎者惟见其恶，爱者止见其善。爱憎之间，所宜详慎。若爱而知其恶，憎而知其善，去邪勿疑，任贤勿猜，可以兴矣。'其大略如此。朕顾思之，恐不免斯过。公卿侍臣可书之于笏⑩，知而必谏也。"

---

① 相州：治所在今河南安阳。 ② 幨（chān 搀）帷：车帷。 ③ 涂车：三彩烧成的车子，作殉葬之用。 ④ 刍（chú 锄）灵：茅草扎成的俑，这时用木制或三彩烧成的俑，作殉葬之用。 ⑤ 苑西楼：长安禁苑的西楼。 ⑥ 晋王：晋王李治，唐太宗第九子，长孙皇后所生，后成为皇太子、皇帝，即历史上的唐高宗。 ⑦ 封户：也就是"实封"、"实食"。 ⑧ 鉴：用青铜铸造的盛水器皿，古人用作镜用。后也指铜镜。即用青铜铸造，圆形，正面磨光可照见东西。 ⑨ 藁：同"稿"。 ⑩ 笏（hù 户）：古代大臣朝见时所执的手板，用以记事以备临时遗忘。

徵状貌不逾中人，有志胆，每犯颜进谏，虽逢帝甚怒，神色不徙，而天子亦为霁威①。议者谓贲、育不能过②。……始，丧乱后，典章湮散③，徵奏引诸儒校集秘书，国家图籍粲然完整④。尝以《小戴礼》综汇不伦⑤，更作《类礼》二十篇，数年而成。帝美其书，录置内府⑥。……

徵亡，帝思不已，登凌烟阁观画像⑦，赋诗悼痛。闻者媢之⑧，毁短百为。徵尝荐杜正伦、侯君集才任宰相⑨，及正伦以罪黜，君集坐逆诛，孅人遂指为阿党⑩。又言徵尝录前后谏争语示史官褚遂良⑪，帝滋不悦⑫。乃停叔玉昏⑬，而仆所为碑，顾其家衰矣。

辽东之役，高丽、靺鞨犯阵⑭，李勣等力战破之。军

---

① 霁(jì 剂)威：收敛威严。 ② 贲、育：孟贲、夏育，都是战国力大无穷的勇士。 ③ 湮(yān 烟)：埋没。 ④ 粲然：鲜明。 ⑤《小戴礼》：即今本《礼记》，儒家"三礼"之一，收集战国，西汉的儒家单篇文献，编排颇欠条理。 ⑥ 内府：皇室藏书的地方。 ⑦ 凌烟阁：唐太宗贞观十七年(643 年)图画开国功臣长孙无忌、魏徵等二十四人于凌烟阁，太宗自己作赞、褚遂良题写，阎立本绘画。 ⑧ 媢(mào 冒)：嫉妒。 ⑨ 杜正伦：《旧唐书》、《新唐书》有传。 ⑩ 孅(xiān 纤)人：孅通"纤"，细微，孅人就是小人。 ⑪ 褚遂良：《旧唐书》、《新唐书》有传。 ⑫ 滋(zī)：更加。 ⑬ 昏：通"婚"。婚约，婚姻。 ⑭ 靺鞨(mò hé 末合)：我国古代东北的少数民族。

还，怅然曰①："魏徵若在，吾有此行邪？"即召其家到行在②，赐劳妻子，以少牢祠其墓③，复立碑，恩礼加焉。

【翻译】

魏徵，字叫玄成，是魏州曲城人。从小是孤儿，穷困失意，丢开资产不去经营，胸怀大志，精通书史术数。

隋末战乱，魏徵假托为道士。武阳郡丞元宝藏起兵响应李密，让魏徵掌管书信公文。李密收到元宝藏的书信，都说写得好，知道是魏徵所写，就赶快召见。魏徵进献十策劝说李密，李密没有采用。王世充进攻洛口，魏徵见了李密的长史郑颋说："魏公虽然屡次战胜，但勇将精兵已死伤得差不多，加上府库里没有现成的财物，战胜后没有东西赏赐，从这两方面看来这仗不能打。如果深沟高垒，旷日持久，贼军粮尽将撤退，我们追击，才是取胜之道。"郑颋说："这只不过是老生常谈罢了！"徵不辞离去。

后来魏徵跟从李密来到京师，过了好久还不知名，自己请求去安辑山东，才升擢为秘书丞，驰驿到黎阳。

---

① 怅(chàng唱)：失意，不痛快。 ② 行在：古代皇帝出京后的临时驻在地叫行在。 ③ 少牢：古代祭祀时牛、羊、豕三牲叫"太牢"。用豕和羊叫"少牢"。

这时李勣还在替李密守御，魏徵写信与他说："当初魏公起兵反叛，振臂大呼，得到兵众几十万，威之所加有半个天下，然而一败不振，终于归附大唐，本来就知道天命所归啊！如今你身处必争之地，不趁早为自己打算，则大事去矣！"李勣收到信后，就定计归唐，大发黎阳仓的存粮送给淮安王的军队。

窦建德攻陷黎阳，擒获魏徵，拜授伪起居舍人。窦建德失败，魏徵和裴矩进入潼关，隐太子招引为洗马。魏徵见秦王功高，暗地里劝太子早自为计。太子失败，秦王责怪魏徵说："你挑拨我们兄弟相争，怎么处治？"魏徵回答道："如果太子早听我的话，不会有今日杀身之祸。"秦王器重他的耿直，不再仇恨。

即位后，拜徵为谏议大夫，封巨鹿县男。这时，河北州县向来依附隐太子、巢王的不能自安，到处一群群结伙隐伏着想作乱。魏徵对太宗说："不示以至公，祸事就无法缓解。"太宗回答说："你去河北安抚晓喻。"魏徵在途中遇见隐太子的千牛李志安、齐王的护军李思行被递送去京师，徵同他的副使商议说："适值有诏，东宫及齐王府的旧人一概赦免。现在却捕送李志安等人，谁不自疑，我们虽去了，人家也不会相信。"就把他们释放了然后奏闻。出使回来后，太宗很高兴，对他一天天更加亲近，有时引进卧室里，访问天下的事情。徵也自以为获得了罕有的知遇，就把底细都没有隐瞒地讲出来，共上了二百多次奏章，无不恳切合太宗的心意。由此拜为尚书右丞，兼谏议大夫。

左右有诋毁魏徵偏私亲戚的，太宗令温彦博查讯，没有这回事。温彦博说：“魏徵身为人臣，不能注意行迹，远避嫌疑，而遭飞谤，也应该斥责。”太宗叫温彦博去责备魏徵。徵见太宗谢罪道：“臣听说君臣同心，这叫做一体，岂有丢开至公，注意行迹？如果上下都走这条路，国家的兴衰就很难说了！”太宗矍然道：“我明白了。”魏徵叩头说：“愿陛下使臣做良臣，不要让臣做忠臣。”太宗说：“忠臣、良臣不一样吗？”魏徵说：“……良臣本身承受美名，君也居于光显，子孙传承，国祚无疆；忠臣自己遭祸被杀，君也沦于昏恶，国灭家亡，只换取一个空名。这就是二者的不同。”太宗说：“好。”接着便问：“为君的怎样做就明，怎样做就暗？”魏徵道：“君所以明，在于兼听；所以暗，在于偏信。……君能兼听，那奸人就无从蒙蔽，而下情能够上达了。”……

贞观三年（629年），魏徵以秘书监参预朝政。高昌王麴文泰即将来朝，西域各国都想通过麴文泰派使者进献，太宗诏麴文泰的使臣厌怛纥干去迎接。魏徵说：“往年麴文泰入朝，所经过之处供应不能完具，现在再加上其他各国，则靠边州县因供应缺乏而获罪的将很多。他们以商人的身份前来，那么边境的人可获利；如果把他们当作宾客，中国就受骚扰被损耗了。……”太宗说："好。"把诏书追回停罢。

这时是太宗即位的第四年(630年)，这一年判死罪二十九人，几乎做到了刑措不用，一斗米价三钱。先前，太宗曾叹息说："眼下大乱之后，将很难治理吧?"魏徵回答说："大乱后容易治理，就譬如饥饿的人吃东西容易对付。"……到这时，天下大治，蛮夷君长袭用中原衣冠，带刀宿卫。东边直到海，南边过五岭，门户不用关闭，行旅不用自带粮食，可由沿途供给。太宗对群臣说："这是魏徵劝我施行仁义，已经收效了。"……不久魏徵检校侍中，进封爵为郡公。

太宗驾幸九成宫，宫女住在围川宫下，仆射李靖、侍中王珪相继来到，吏人便把宫女安排在别处而让李靖、王珪住。太宗得知后，发怒道："难道威福出于李靖、王珪等人吗？为什么怠慢我的宫女！"下诏都给查讯。魏徵说："李靖、王珪都是陛下的心腹大臣，而宫女只不过是在后宫打扫的隶役。大臣外出，地方官吏要向他们请教朝廷法式；回来，陛下要向他们询问民间疾苦。这官舍，本来就是李靖等接见官吏的地方，官吏不能不去拜见。至于宫女则不一样，除服侍送饮食外，用不到晋谒接见。用这件事来查讯吏人，将骇天下人的耳目。"太宗醒悟了，压下不再追究。

后来在丹霄楼宴会，喝酒中太宗对长孙无忌说：“魏徵、王珪侍奉隐太子、巢刺王时的确可恶，我能弃怨嫌而用人才，无愧于古人。但魏徵每当谏我而我不听从时，我说话他不马上答应，这是为什么？”魏徵说：“臣以为事有不可行，所以谏，如果不听从而臣随便答应，恐怕就要去施行。”太宗说：“只要答应一声，再另行陈奏议论，难道不可以？”魏徵说：“从前舜告诫群臣说：‘你们不要当面顺从，退下又有后言。’如果当面答应，待后陈奏议论，这就是后言，不是稷、卨之所以侍奉尧、舜了。”太宗大笑道：“人家说魏徵举动疏慢，我只觉得他妩媚！”徵再拜道：“陛下引导臣说话，所以敢这样；如果不接受，臣怎敢多次批逆鳞啊！”

贞观七年(633 年)，任侍中。尚书省的疑难积案，太宗下诏叫魏徵裁决。魏徵平素并不熟悉法律，只做到能存大体，用情理来处理，人人心悦诚服。进授左光禄大夫、封郑国公。魏徵因身体多病，辞谢官职，太宗说：“公难道看不到金在矿中有什么可贵吗？精心地冶炼锻打成为器具，人们才宝爱它。朕正自比为金，要以卿为好工匠来加工。卿虽然患病，还不衰老，怎能就如此告退呢？”魏徵恳求，几次被太宗推却，而魏徵的态度更加坚决。太宗只好拜徵为特进，知门下省的政务，并下诏叫他对朝章国典，要参议得失，他的俸禄和封国官吏、防阁，都与职事官相同。……

后来太宗驾幸东都洛阳，路上住在昭仁宫，对地方官多所谴责。魏徵说："隋朝只管责备人家不进献饮食，或者责备人家供奉的不精美，这样无限制地苛求，终至于亡国，因而天命陛下来取代，正应当谨慎恐惧自行约束，怎能叫人家以不够奢华而悔恨？如果认为足，如今不止是足了；如果还以为不足，那即使万倍于此也能有足吗？"太宗惊讶地说："要不是公，朕听不到这种话。"……

有一天，宴请群臣，太宗说："贞观以前，跟从我平定天下，经历艰险草创国家，是房玄龄的功劳。贞观以后，献纳忠谏，匡正朕的过失，使国家长治久安，只有魏徵而已。即使古代名臣，也难以超越！"亲自解下佩刀，赐给二人。太宗曾问群臣："魏徵与诸葛亮谁贤？"岑文本说："诸葛亮才兼将相，不是魏徵所能比拟。"太宗说："魏徵能行仁义，来辅佐朕，想使朕成为尧、舜之君，这即使诸葛亮也不能抗衡。"……

太宗派使者到西域立叶护可汗，尚未回来，又派使者带着金帛到西域各国买马。魏徵说："如今立可汗尚未定，便到各国买马，他们必然以为我们的目的是想得到马，而不在立可汗。可汗得立，也必然不感恩。诸蕃知道了，都会认为中国薄义重利，马不一定得到而义倒先失掉了。……”太宗便中止了买马这件事。

此后右仆射空缺，要用魏徵，魏徵辞让，得以不拜。皇太子承乾与魏王泰关系紧张，太宗说：“如今忠诚正直而且地位贵重的莫过于魏徵，我派他去傅教皇太子，使天下人不再有别的希冀，皇太子的羽翼就巩固了。”便拜魏徵为太子太师。魏徵有病推辞，下诏道：“汉太子有四皓辅助，我依赖公，就是这个道理。公虽卧床，也可以保全他。”

贞观十七年(643 年)，魏徵病重。魏徵家里本没有正寝，太宗叫停止盖小殿，把盖小殿的木材给魏徵建正寝，五天竣工。并赐给魏徵素褥、布被，听从他的喜好。叫中郎将住在魏徵第宅，有情况就立即奏报，药物、膳食赏赐无数，中使接连不停地在路上往来。太宗亲自去探望，屏退左右，和魏徵说了一天话才回宫。以后又和太子到魏徵第宅，魏徵披上朝服，拖着带子。太宗忧伤烦闷，抚着魏徵流眼泪，问他要什么。魏徵回答道：“寡妇不忧其纬，而担忧宗周之亡！”太宗将把衡山公主下嫁给徵的儿子叔玉，当时公主也跟随着，太宗说：“公勉强看一眼儿媳妇！”魏徵已不能谢恩。这天晚上，太宗梦见魏徵像往常一样，等到天亮，魏徵薨。太宗亲临哭吊，为之哀恸。罢朝五天，太子在西华堂举哀，下诏内外百官及朝集使都去吊丧。追赠魏徵司空、相州都督，赐谥号叫文贞，赐给羽葆、鼓吹、班剑四十人，陪葬昭陵。将要下葬时，魏徵妻裴氏辞让说："徵平素俭朴节约，现在给他一品葬礼，仪物盛大，不是徵的心愿。"获得许可，就改用白布幨帷，没有涂车、刍灵。太宗登上禁苑西楼，远望痛哭尽哀。晋王奉诏致祭。太宗亲自撰作碑文，并书写。又赐给魏徵家实封九百户。

太宗后来临朝叹息道："用铜作为镜子，可以正衣冠；用古作为镜子，可以知兴衰；用人作为镜子，可以明得失。朕曾保有这三面镜子，对内防止自己过失。现今魏徵逝世，一面镜子失去了。朕近来派人到他家中，得到一纸手书，只是半篇草稿，其中可以看清楚的地方说：'天下的事情，有善有恶，任用善人则国安，任用恶人则国弊。公卿之内，情有爱有憎，憎的只看到他的恶，爱的只看到他的善。爱憎之间，应该仔细小心。如果爱而知其恶，憎而知其善，去邪人不要动摇，任用贤人不要猜疑，就可以兴盛了。'所说的大体就是这些。朕回顾思考，恐怕免不了这类过错。公卿侍臣可以写在笏上，知道了就必须进谏。"

魏徵状貌不超过中等，有志气胆略，常犯颜进谏，即使遇到皇上十分恼怒，仍神色不变，而皇上也为他收敛威严。议论的说虽孟贲、夏育也不能超过。……起初，经过战乱之后，典章湮没散失，魏徵上奏招引儒生校集秘书，使国家的图籍粲然完整。曾因《小戴礼》汇综得欠缺伦次，便重作《类礼》二十篇，数年成书。太宗很赞美，抄录保存在内府。……

魏徵死后，太宗思念不已，登上凌烟阁看他的画像，赋诗哀悼。知道的嫉妒他，千方百计地毁谤。魏徵曾推荐杜正伦、侯君集有才胜任宰相，等到杜正伦因犯罪被黜，侯君集坐谋反被杀，小人便指责魏徵拉党结派。又说魏徵曾摘录他前后谏诤的话给史官褚遂良看，太宗更加不高兴。就停罢了魏叔玉的婚事，推倒了他所写的墓碑，魏徵家就此衰败了。

辽东之役，高丽、靺鞨进犯我军阵，李勣等力战把他们打败。回军，太宗怅然道："魏徵如果还在，我会有这次行动吗？"便召见魏徵家属到行在，赏赐慰问他的妻儿，并用少牢在他墓前祭祀，重新立碑，恩礼有加。

后妃则天武皇后传

武则天这个女性皇帝在封建社会是被看成反面人物的，近来先后有人为她写翻案文章，甚至歪曲史实给她捧场，这当然都是偏见不可取。事实上这位女性皇帝一是确有能力，尤其搞权力之争确有一套办法，但同时也任用了不少坏人，充分暴露出封建统治者特有的残酷性；再是在政治以及军事上她拿不出什么办法，很多问题要到她的孙儿唐玄宗李隆基手里才得以解决。从这个传里所讲的事实多少可以看到点她的真面目，当然出于偏见对她的劣点仍不免说了若干过头话。（选自卷七六）

高宗则天顺圣皇后武氏①，并州文水人②。父士彟③，见外戚传④。

文德皇后崩，久之，太宗闻士彟女美，召为才人⑤，方十四。母杨恸泣与诀，后独自如曰："见天子庸知非福，何儿女悲乎！"母韪其意止泣⑥。既见帝，赐号武媚。及帝崩，与嫔御皆为比丘尼⑦。高宗为太子时，入侍悦之。王皇后久无子⑧，萧淑妃方幸，后阴不悦。它日，帝过佛庐，才人见且泣，帝感动。后廉知状⑨，引内后宫⑩，以挠妃宠。

才人有权数，诡变不穷。始，下辞降体事后，后喜，数誉于帝，故进为昭仪⑪。一旦顾幸在萧右，寖与后不协⑫。后性简重⑬，不曲事上下，而母柳见内人尚宫无浮

---

① 高宗：是李治这位皇帝死后的庙号，即在太庙立室奉祀而特立的名号。则天顺圣：是玄宗天宝八载（749年）六月所上的谥号，唐代皇帝皇后生前可以上尊号，到死时给谥号，以后有时再加改谥号，也叫追尊。 ② 文水：县名，今山西文水。 ③ 彟：音 huò 获。 ④ 外戚：帝王的母族、妻族。 ⑤ 才人：妃嫔的称号。唐制设置才人九人，是正五品。 ⑥ 韪（wěi 伟）：是、对。 ⑦ 比丘尼：尼姑。 ⑧ 王皇后：《旧唐书》、《新唐书》有传。 ⑨ 廉：查访。 ⑩ 内：音义同"纳"。 ⑪ 昭仪：唐制设昭仪一人，正二品。 ⑫ 寖：同"浸"，逐渐。 ⑬ 简：简慢，倨傲。重：庄重。

礼①，故昭仪伺后所薄，必款结之，得赐予，尽以分遗。由是后及妃所为必得，得辄以闻，然未有以中也。昭仪生女，后就顾弄，去，昭仪潜毙儿衾下②，伺帝至，阳为欢言，发衾视儿，死矣，又惊问左右，皆曰："后适来。"昭仪即悲涕。帝不能察，怒曰："后杀吾女，往与妃相谗媢，今又尔邪！"由是昭仪得入其訾③，后无以自解，而帝愈信爱，始有废后意。

久之，欲进号宸妃④，侍中韩瑗、中书令来济言⑤："妃嫔有数，今别立号，不可。"昭仪乃诬后与母厌胜⑥，帝挟前憾，实其言，将遂废之。长孙无忌、褚遂良、韩瑗及济濒死固争，帝犹豫；而中书舍人李义府、卫尉卿许敬宗素险侧狙势⑦，即表请昭仪为后，帝意决，下诏废后。诏

---

① 内人：这里指宫女。尚宫：宫中女官，掌管文簿之类。② 衾(qīn 钦)：被子。 ③ 訾(zǐ 紫)：说别人的坏话，诋毁。④ 宸(chén 辰)妃：唐制设贵妃、淑妃、德妃、贤妃各一人，为夫人，正一品，没有宸妃之号，故韩瑗、来济上书以为不可。⑤ 韩瑗：《旧唐书》、《新唐书》有传。来济：《旧唐书》、《新唐书》有传。 ⑥ 厌胜：古代迷信以为能用诅咒术制胜。 ⑦ 中书舍人：中书省设置中书舍人六人。李义府：《旧唐书》、《新唐书》有传。卫尉卿：卫尉寺的长官。许敬宗：《旧唐书》、《新唐书》有传。险：阴险。侧：反侧，不正直。狙(jū 居)：窥伺。

李勣、于志宁奉玺绶进昭仪为皇后①，命群臣及四夷酋长朝后肃义门，内外命妇入谒②。朝皇后自此始。……于是逐无忌、遂良，踵死徙，宠煽赫然。

后城宇深③，痛柔屈不耻，以就大事。帝谓能奉己，故扳公议立之④。已得志，即盗威福，施施无惮避⑤。帝亦懦昏⑥，举能钳勒⑦，使不得专，久稍不平。麟德初，后召方士郭行真入禁中为蛊祝⑧，宦人王伏胜发之。帝怒，因是召西台侍郎上官仪⑨，仪指言后专恣，失海内望，不可承宗庙，与帝意合，乃趣使草诏废之⑩。左右驰告，后遽从帝自诉⑪，帝羞缩，待之如初，犹意其恚⑫，且曰："是皆上官仪教我。"后讽许敬宗构仪杀之⑬。

---

① 于志宁：《旧唐书》、《新唐书》有传。玺（xǐ 徙）：印，自秦朝以后专称皇帝皇后的印为玺。 ② 命妇：受有封号的妇女。唐朝贵妃以下至皇太子妃嫔为内命妇，皇姑、公主及五品以上官的妻母为外命妇。 ③ 城宇：城府，喻深隐难测的心机。 ④ 扳（bān 班）：扭转。 ⑤ 施施（yí yí 夷夷）：喜悦自得貌。 ⑥ 儒：通"懦"。 ⑦ 钳勒：控制。 ⑧ 蛊（gǔ 古）祝：用咒咀等邪术加害他人。 ⑨ 西台：唐高宗龙朔时改门下省为东台，中书省为西台。神龙中复旧。上官仪：《旧唐书》、《新唐书》有传。 ⑩ 趣：同"促"。 ⑪ 遽（jù 据）：急，仓猝。 ⑫ 恚（huì 会）：怨恨。 ⑬ 讽：暗示、指使。

初，元舅、大臣怫旨①，不阅岁屠覆，道路目语②。及仪见诛，则政归房帷③，天子拱手矣。群臣朝，四方奏章，皆曰“二圣”④。每视朝，殿中垂帘，帝与后偶坐，生杀赏罚惟所命。当其忍断，虽甚爱，不少隐也。帝晚益病风不支，天下事一付后。后乃更为太平文治事，大集诸儒内禁殿，撰定《列女传》、《臣轨》、《百僚新诫》、《乐书》等，大氐千馀篇⑤。因令学士密裁可奏议，分宰相权。……

上元元年，进号天后，建言十二事：一、劝农桑，薄赋徭；二、给复三辅地⑥；三、息兵，以道德化天下；四、南北中尚禁浮巧⑦；五、省功费力役；六、广言路；七、杜谗口；八、王公以降皆习《老子》；九、父在为母服齐衰三年⑧；

---

① 元舅：指长孙无忌，他是唐高宗的舅父。大臣：指褚遂良等。怫(bèi)：通“悖”，违背。 ② 目语：不敢说话，只好用眼色示意。 ③ 房帷：本指妇女居住的内室，这里指武皇后。 ④“二圣”：唐朝称皇帝为圣人，这时把高宗、武后合称“二圣”。 ⑤ 氐：通“抵”。 ⑥ 给复：免除徭役。三辅：西汉时以京兆尹、左冯(píng)翊、右扶风为三辅，相当今陕西中部地区，唐时习惯上仍称这里为三辅。 ⑦ 南北中尚：唐少府监下设有中尚署、左尚署、右尚署，都是制造御用器物的官署，左尚、右尚是否在当时改称南尚、北尚，已不可考。 ⑧ 齐衰(zī cuī)：旧时丧服名，五服之一，次于斩衰。本来只规定子及未嫁女在父死时服斩衰三年，武后这里提出父在母死，也得为母服齐衰三年。

十、上元前勋官已给告身者无追核；十一、京官八品以上益禀入①；十二、百官任事久、材高位下者得进阶申滞②。帝皆下诏略施行之。

萧妃女义阳、宣城公主幽掖廷③，几四十不嫁。太子弘言于帝④，后怒，鸩杀弘⑤。帝将下诏逊位于后，宰相郝处俊固谏⑥，乃止。……

帝崩，中宗即位⑦，天后称皇太后，遗诏军国大务听参决。嗣圣元年，太后废帝为庐陵王⑧，自临朝，以睿宗即帝位⑨。后坐武成殿⑩，帝率群臣上号册⑪。越三日，太后临轩，命礼部尚书摄太尉武承嗣、太常卿摄司空王

---

① 禀（lǐn）：通“廪”，给予粮食。 ② 申滞：长期不得升官叫“滞”，申通“伸”，申滞就是让不得升官者提升。 ③ 掖廷：汉代妃嫔宫女居住的地方叫掖廷，唐代有掖廷宫，在大内西边。 ④ 太子弘：武后和高宗生的大儿子，《旧唐书》、《新唐书》有传。 ⑤ 鸩（zhèn 震）：鸩是毒酒，作为动词用就是毒死。 ⑥ 郝处俊：《旧唐书》、《新唐书》有传。 ⑦ 中宗：唐高宗的第七子，武后和高宗生的第三子李显，《旧唐书》、《新唐书》有纪。 ⑧ 庐陵：今江西吉安。 ⑨ 睿（ruì 锐）宗：唐高宗第八子，武后和高宗生的第四子李旦。 ⑩ 武成殿：东都洛阳宫城内，是天子常朝的地方。初名武成，后改为宣政。 ⑪ 号册：上尊号的册文。

德真册嗣皇帝①。自是太后常御紫宸殿②，施惨紫帐临朝③。……

于是柳州司马李敬业、括苍令唐之奇、临海丞骆宾王疾太后胁逐天子④，不胜愤，乃募兵杀扬州大都督府长史陈敬之，据州欲迎庐陵王，众至十万。楚州司马李崇福连和⑤，盱眙人刘行举婴城不肯从⑥，敬业攻之，不克。太后拜行举游击将军⑦，擢其弟行实楚州刺史。敬业南渡江取润州⑧，杀刺史李思文⑨，曲阿令尹元贞拒战死⑩。太后诏左玉钤卫大将军李孝逸为扬州道行军大总管⑪，率兵三十万讨之，战于高邮⑫，前锋左豹韬果毅成

① 武承嗣：武后的内侄，《旧唐书》、《新唐书》有传。太常卿：太常寺的长官，掌宗庙礼仪。 ② 紫宸殿：洛阳宫城内，是天子内朝的地方。 ③ 惨紫：惨是阴暗，惨紫是暗紫色。 ④ 柳州：治所在今广西柳州。司马：唐时州刺史的辅佐官。李敬业：李勣的孙儿，《旧唐书》、《新唐书》有传。括苍：县名，在今浙江丽水东南。令：县的长官。临海：县名，今浙江临海。骆宾王：文学家，初唐四杰之一，《旧唐书》、《新唐书》有传。 ⑤ 楚州：治所在今江苏淮安。 ⑥ 盱眙（xū yí 虚怡）：楚州属县，今江苏盱眙。 ⑦ 游击将军：武散官。 ⑧ 润州：治所在今江苏镇江。 ⑨ 李思文：《旧唐书》、《新唐书》有传。 ⑩ 曲阿（ē）：润州属县，今江苏丹阳。尹元贞：《旧唐书》有传。 ⑪ 左玉钤卫：十六卫之一，则天光宅元年（684 年），改左、右领军卫为左、右玉钤卫。驻守皇城西面与京苑城门。李孝逸：《旧唐书》、《新唐书》有传。 ⑫ 高邮：今江苏高邮。

三朗为唐之奇所杀①。又以左鹰扬卫大将军黑齿常之为江南道行军大总管②，并力。敬业兴三月败，传首东都，三州平③。

始，武承嗣请太后立七庙④，中书令裴炎沮止⑤。及敬业之兴，下炎狱，杀之，并杀左威卫大将军程务挺⑥。太后方怫恚，一日，召群臣廷让曰："朕于天下无负，若等知之乎？"群臣唯唯。太后曰："朕辅先帝逾三十年，忧劳天下。爵位富贵，朕所与也，天下安佚⑦，朕所养也。先帝弃群臣，以社稷为托，朕不敢爱身，而知爱人。今为戎首者皆将相，何见负之遽？且受遗老臣伉扈难制有若裴

---

① 左豹韬卫：十六卫之一，光宅元年(684 年)改左、右威卫为左、右豹韬卫，掌宿卫宫禁。果毅都尉：唐十六卫都统有府兵，府兵的长官为折冲都尉，副职是左右果毅都尉。成三朗：《旧唐书》有传。 ② 左鹰扬卫：十六卫之一，武则天光宅元年(684 年)改左、右武卫为左、右鹰扬卫，掌宿卫宫禁。黑齿常之：《旧唐书》、《新唐书》有传。江南：唐贞观十道之一，辖境相当今浙江、福建、江西、湖南等省及江苏、安徽的长江以南，湖北、四川江南的一部分和贵州东北部地区。
③ 三州：指扬州、楚州和润州。 ④ 七庙：古代天子七庙，诸侯五庙，大夫三庙，士二庙，这时武家并非天子，所以立七庙受到中书令裴炎的阻止。 ⑤ 裴炎：《旧唐书》、《新唐书》有传。沮(jǔ 咀)：阻止。 ⑥ 程务挺：《旧唐书》、《新唐书》有传。
⑦ 佚：同"逸"。安闲、安乐。

炎乎①？世将种能合亡命若徐敬业乎？宿将善战若程务挺乎？彼皆人豪，不利于朕，朕能戮之。公等才有过彼，蚤为之；不然，谨以事朕，无诒天下笑。”群臣顿首，不敢仰视，曰：“惟陛下命。”久之，下诏阳若复辟者。睿宗揣非情，固请临朝，制可。

乃冶铜匦为一室②，署东曰“延恩”，受干赏自言③；南曰“招谏”，受时政失得；西曰“申冤”，受抑枉所欲言；北曰“通玄”，受谶步秘策④。诏中书门下一官典领。太后不惜爵位，以笼四方豪桀自为助⑤，虽妄男子，言有所合，辄不次官之⑥，至不称职，寻亦废诛不少纵，务取实材真贤。又畏天下有谋反逆者，诏许上变，在所以轻传⑦，供五品食，送京师，即日召见，厚饵爵赏歆动之⑧。凡言变，吏不得何诘⑨，虽耘夫荛子必亲延见⑩，禀之客馆⑪。

---

① 伉（kàng）：傲慢。扈（hù 户）：跋扈。 ② 匦（guǐ 轨）：匣子，小箱子。 ③ 干赏：求赏赐。 ④ 谶（chèn 衬）：图谶，符谶，用图画或歌谣来表达的政治性预言，是一种颇为统治者相信的迷信活动。步：步术，观测天象推算历法之术。秘策：策通“册”，秘策就是秘密的图书。 ⑤ 桀：同“杰”。⑥ 不次：不按照寻常次序，破格。 ⑦ 轻传：用轻快的驿马传送。 ⑧ 饵（ěr 耳）：利诱。歆（xīn）动：让人家欣羡而要干。⑨ 何（hē）：通“呵”。 ⑩ 荛（ráo 饶）子：打柴的人。 ⑪ 客馆：鸿胪寺下有典客署，接待少数民族首领及外国使者。这客馆应即典客署所管的宾客住所。

敢稽若不送者①，以所告罪之。故上变者遍天下，人人屏息无敢议②。

诏毁乾元殿为明堂③，以浮屠薛怀义为使督作④。怀义，鄠人⑤，本冯氏，名小宝……后召与私，悦之。欲掩迹得通籍出入⑥，使祝发为浮屠，拜白马寺主⑦。诏与太平公主婿薛绍通昭穆⑧，绍父事之。给厩马⑨，中官为驺侍⑩，虽承嗣、三思皆尊事惟谨⑪。至是护作，士数万，巨木率一章千人乃能引⑫。又度明堂后为天堂⑬，鸿丽严奥次之。堂成，拜左威卫大将军、梁国公。

① 稽：稽留，延迟。若：及。 ② 屏（bǐng 饼）息：不敢出大气。 ③ 乾元殿：在东都洛阳宫城内。明堂：古代天子宣明政教的地方，凡朝会及祭祀、庆赏、选士、养老、教学等大典，均于其中举行。 ④ 浮屠：指佛教徒。薛怀义：《旧唐书》有传。 ⑤ 鄠（hù 户）：县名，今陕西户县。 ⑥ 通籍：籍是二尺长的竹片，上写姓名、年龄、身份等，挂在宫门外，以备出入时查对。通籍，就是记名于门籍，可以出入宫门。 ⑦ 白马寺：在河南洛阳东郊，传说是中国最早的佛寺。 ⑧ 太平公主：武后与高宗所生之女，《旧唐书》、《新唐书》有传。通昭穆：古代宗法制中，父曰昭，子曰穆，通昭穆即排辈分。 ⑨ 厩（jiù 救）马：厩是马房，厩马是御厩里的马。 ⑩ 驺（zōu 邹）侍：古代贵族官僚出行时前后侍从的骑卒。 ⑪ 三思：武三思，武后的侄儿，《旧唐书》、《新唐书》有传。 ⑫ 章：大木材。 ⑬ 度（duó）：计量。

始作崇先庙于西京，享武氏。承嗣伪款洛水石①，导使为帝，遣雍人唐同泰献之②，后号为宝图，擢同泰游击将军。于是汜人又上瑞石③，太后乃郊上帝谢况④，自号圣母神皇，作神皇玺，改宝图曰天授圣图，号洛水曰永昌水，图所曰圣图泉，勒石洛坛左曰天授圣图之表，改汜水曰广武。时柄去王室，大臣重将皆挠不得逞，宗室孤外无寄足地。于是，韩王元嘉等谋举兵唱天下⑤，迎还中宗。琅邪王冲、越王贞先发⑥，诸王仓卒无应者，遂败。元嘉与鲁王灵夔等皆自杀⑦，馀悉坐诛，诸王牵连死灭殆尽，子孙虽婴褓亦投岭南⑧。太后身拜洛受图，天子率太子、群臣、蛮夷以次列，大陈珍禽、奇兽、贡物、卤簿坛下⑨，礼成去。……

---

① 款：本指青铜器上铸刻的文字，这里作为动词，是刻文字的意思。 ② 雍：县名，在今陕西凤翔南。 ③ 汜（sì 四）：汜水，县名，在今河南荥阳西北，汜水之旁。 ④ 况：通贶，赏赐。⑤ 韩王元嘉：唐高祖第十一子，《旧唐书》、《新唐书》有传。⑥ 琅邪王冲：唐太宗第八子越王贞的长子，与越王贞在《旧唐书》、《新唐书》均有传。 ⑦ 鲁王灵夔（kuí 葵）：唐高祖第十九子，《旧唐书》、《新唐书》有传。 ⑧ 褓（bǎo 保）：襁（qiǎng）褓，襁是负络婴儿的布幅，褓是婴儿的被，襁褓指婴儿在背负中。 ⑨ 卤簿：帝王驾出时扈从的仪仗队。

太后自名曌[1]，改诏书为制书[2]。……拜薛怀义辅国大将军[3]，封鄂国公，令与群浮屠作《大云经》[4]，言神皇受命事。春官尚书李思文诡言[5]："《周书》《武成》为篇[6]，辞有'垂拱天下治'[7]，为受命之符。"后喜，皆班示天下，稍图革命[8]。然畏人心不肯附，乃阴忍鸷害[9]，肆斩杀怖天下，内纵酷吏周兴、来俊臣等数十人为爪吻[10]。

---

① 曌（zhào 照）：武则天为自己名字造的字。 ② 改诏书为制书："诏"和"曌"同音，改诏书为制书是避武后的御讳。 ③ 辅国大将军：唐代高级武散官。 ④《大云经》：佛经名。即《大方等无想经》。唐薛怀义等以经中有"一佛没七百年后为女王下世，威伏天下"语，乃造《大云经疏》，以为武后受命之符，并非伪造。 ⑤ 春官：则天光宅元年（684 年）至神龙元年（705 年），把尚书省下的吏、户、礼、兵、刑、工六部分别改称：天官、地官、春官、夏官、秋官、冬官。春官尚书即礼部尚书。 ⑥《周书》《武成》为篇：意思是《尚书》的《周书》里有个《武成》篇，暗示武氏要成其帝业，其实这《武成》是伪造的，但唐人还不知它出于伪造。 ⑦ 垂拱天下治：武后曾用垂拱为年号（685 年—688 年），而《武成》篇里有"垂拱天下治"的话，又可作为武后要受命称帝的征兆。 ⑧ 革命：实施变革以应天命，古代认为帝王受命于天，因称朝代更替为革命，和我们今天所说的革命不是同一概念。 ⑨ 鸷（zhí 执）：拘捕，拘禁。 ⑩ 酷吏：用严刑峻法残虐百姓的官吏。周兴、来俊臣：《旧唐书》、《新唐书》的酷吏传里有他们的传。爪吻（wěn）：吻本指动物口器或突出的部分，爪吻也就是爪牙的意思。

有不慊若素疑惮者①，必危法中之②，宗姓侯王及它骨鲠臣将相骈颈就铁③，血丹狴户④，家不能自保。太后操奁具坐重帏⑤，而国命移矣。

御史傅游艺率关内父老请革命⑥，改帝氏为武。又胁群臣固请，妄言凤集上阳宫⑦，赤雀见朝堂。天子不自安，亦请氏武，示一尊。太后知威柄在己，因大赦天下，改国号周，自称圣神皇帝，旗帜尚赤，以皇帝为皇嗣。立武氏七庙于神都⑧。……尽王诸武。诏并州文水县为武兴，比汉丰、沛⑨，百姓世给复。……

有上封事言岭南流人谋反者⑩，太后遣摄右台监察

---

① 慊(qiè 怯)：满意。惮(dàn 但)：怕。 ② 危法：危是凶险，危法就是峻法。中(zhòng)：中伤。 ③ 骨鲠(gěng 梗)：刚直。骈(pián)：拉连。铁(fū 夫)：通“斧”。 ④ 狴(bì 币)：监狱。 ⑤ 奁(lián 帘)：古代妇女梳妆用的镜匣和其他化妆品的器皿。 ⑥ 御史：唐御史台下设台院、殿院、察院，三院长官分别为侍御史、殿中侍御史、监察御史，统称三院御史。傅游艺：《旧唐书》、《新唐书》有传。 ⑦ 上阳宫：在东都洛阳禁苑之东，东接皇城的西南角，南临洛水，西距榖(gǔ)水，东面即皇城右掖门之南，北连禁苑。 ⑧ 神都：指东都洛阳。 ⑨ 丰：今江苏丰县。沛：沛县的丰邑，汉高祖刘邦的家乡。今江苏沛县。 ⑩ 封事：古代上书奏事，为防泄密，用袋封缄，称为封事。

御史万国俊就按①，得实即论决。国俊至广州，尽召流人，矫诏赐自尽，皆号哭不服，国俊驱之水曲，使不得逃，一日戮三百馀人，乃诬奏流人怨望，请悉除之。于是太后遣右卫翊府兵曹参军刘光业、司刑评事王德寿、苑南面监丞鲍思恭、尚辇直长王大贞、右武卫兵曹参军屈贞筠②，皆摄监察御史，分往剑南、黔中、安南等六道讯鞫③，而擢国俊左台侍御史。光业等亦希功于上，惟恐杀人之少。光业杀者九百人，德寿杀七百人，其馀亦不减

---

① 右台：武后把御史台改称左台，又增设了右台。右台专管京畿内外及州县文武百官的按察。左台专管在京中央机关及军旅按察。万国俊：《旧唐书》、《新唐书》的酷吏传中有传。 ② 右卫翊府：唐十六卫皆领府兵。府兵分内府与外府两种，内府为中郎将府，以亲卫、勋卫、翊卫为名。外府为折冲府，一般以所在地区为名。兵曹参军：十六卫都设置的属官。司刑：武后光宅时改大理寺为司刑。评事：大理寺下属官员。苑南面监：唐京都各处宫苑皆设监管理。京都诸苑园亦按其方位设苑园监。尚辇（niǎn 捻）直长：殿中监所属尚辇局的下属官员，管帝后的车辇，辇是人力推挽的车。③ 剑南：道名，治所在今四川成都，辖境相当今涪江流域以西，大渡河流域和雅砻江下游以东，云南澜沧江、哀牢山以东，曲江、南盘江以北，及贵州水城、普安以西和甘肃文水县一带。黔中：道名，治所在今重庆彭水，辖境相当今湖北恩施以南，贵州遵义、铜仁以北，湖南沅陵以西地区。安南：安南都护府，治所在今越南河内。讯鞫（jū 居）：审问犯人。

五百人。太后久乃知其冤，诏六道使所杀者还其家。……

太后又自加号金轮圣神皇帝。……延载二年，武三思率蕃夷诸酋及耆老请作天枢①，纪太后功德，以黜唐兴周，制可，使纳言姚璹护作②。乃大裒铜铁合冶之③，署曰“大周万国颂德天枢”，置端门外④。其制若柱，度高一百五尺⑤，八面，面别五尺，冶铁象山为之趾⑥，负以铜龙，石鑱怪兽环之⑦。柱颠为云盖，出大珠，高丈，围三之。作四蛟，度丈二尺，以承珠。其趾山周百七十尺，度二丈。无虑用铜铁二百万斤⑧。乃悉镂群臣、蕃酋名氏其上⑨。

薛怀义宠稍衰，而御医沈南璆进⑩，怀义大望⑪，因火明堂，太后羞之，掩不发。怀义愈很恣怏怏⑫，乃密诏太平公主择健妇缚之殿中，命建昌王武攸宁、将作大匠

---

① 耆(qí 其)：老年人，六十岁以上的人。 ② 纳言：门下省的长官叫侍中，武后光宅元年(684 年)改曰纳言。姚璹：《旧唐书》、《新唐书》有传。 ③ 裒(póu 抔)：聚集。 ④ 端门：唐东都皇城正南门。 ⑤ 度：长度。 ⑥ 趾(zhǐ)：通“址”，基础部分。 ⑦ 鑱(chán 馋)：雕刻。 ⑧ 无虑：大都，大约。 ⑨ 镂(lòu 漏)：雕刻。 ⑩ 御医：唐殿中监下有尚药局，设有侍御医、司医、医佐等。璆，音 qiú 球。 ⑪ 望：埋怨。 ⑫ 很：通“狠”。怏怏：因不满而郁郁不服。

宗晋卿率壮士击杀之①，以畚车载尸还白马寺②。怀义负幸昵，气盖一时，出百官上。其徒多犯法，御史冯思勖劾其奸，怀义怒，遇诸道，命左右欧之③，几死，弗敢言。默啜犯塞④，拜新平、伐逆、朔方道大总管⑤，提十八将军兵击胡，宰相李昭德、苏味道至为之长史、司马⑥。后厌入禁中，阴募力少年千人为浮屠，有逆谋。侍御史周矩劾状请治验，太后曰："第出，朕将使诣狱。"矩坐台，少选，怀义怒马造廷，直往坐大榻上⑦，矩召吏受辞，怀义即乘马去。矩以闻，太后曰："是道人素狂⑧，不足治，力少年听穷劾。"矩悉投放丑裔⑨。怀义构矩，俄免官。

太后祀天南郊，以周文王、武王、士彟与唐高祖并

---

① 建昌：今江西永修西北。武攸宁：武后从父武士让之孙，《新唐书》有传。将作大匠：将作监的长官，职掌宫室、宗庙、陵寝及其他土木营建。宗晋卿：《新唐书》有传。 ② 畚（běn 本）车：竹车。 ③ 欧：通"殴"。 ④ 默啜（chuò 辍）：东突厥可汗。 ⑤ 新平：县名，今陕西彬县。 ⑥ 李昭德、苏味道：《旧唐书》、《新唐书》均有传。 ⑦ 榻：床。 ⑧ 道人：魏晋南北朝时常称僧为道人。 ⑨ 丑裔：边远鄙恶之地。

配①。太后加号天册金轮圣神皇帝。遂封嵩山②，禅少室③，册山之神为帝，配为后。封坛南有大槲④，赦日置鸡其杪⑤，赐号“金鸡树”。自制《升中述志》，刻石示后。改明堂为通天宫，铸九州鼎⑥，各位其方，列廷中。又敛天下黄金作大仪钟，不克。……

自怀义死，张易之、张昌宗得幸⑦，乃置控鹤府，有监，有丞及主簿、录事等，监三品，以易之为之。太后自见诸武王非天下意，前此中宗自房州还⑧，复为皇太子。恐百岁后为唐宗室躏藉无死所⑨，即引诸武及相王、太平公主誓明堂告天地⑩，为铁券使藏史馆⑪。……

---

① 周文王、武王：指西周的文王、武王，武后把文王尊为始祖，武王尊为睿祖。 ② 封：古代帝王有所谓封禅的活动，在大山筑坛祭天叫“封”，在附近次高一点的山辟基祭地叫“禅”。嵩（sōng 松）山：五岳中的中岳，在河南省登封县北。 ③ 少室：山名，在河南登封县北，嵩山西。 ④ 槲（hú 胡）：落叶乔木。 ⑤ 置鸡：古代大赦日，设金鸡于竿，以示吉辰，所以有“金鸡放赦”的说法。杪（miǎo 秒）：树梢。 ⑥ 九州鼎：古代有禹铸九鼎的神话，一个州铸一个鼎，这时武后真的铸造了九个九州鼎。 ⑦ 张易之、张昌宗：兄弟俩，《旧唐书》、《新唐书》有传。 ⑧ 房州：治所在今湖北房县。 ⑨ 躏（lìn 吝）藉：欺压伤害。 ⑩ 相王：中宗复为皇太子后，睿宗李旦被封为相王。 ⑪ 史馆：唐代国家修本朝史即所谓国史的机构。

神龙元年，太后有疾，久不平①，居迎仙院②。宰相张柬之与崔玄暐等建策③，请中宗以兵入诛易之、昌宗，于是羽林将军李多祚等帅兵自玄武门入④，斩二张于院左。太后闻变而起，桓彦范进请传位⑤，太后返卧，不复语。中宗于是复即位。徙太后上阳宫，帝率百官诣观风殿问起居⑥，后率十日一至宫，俄朝朔、望⑦。……复唐宗庙。诸武王者咸降爵。是岁后崩，年八十一。遗制称则天圣皇太后，去帝号，谥曰则天大圣后，祔乾陵⑧。……

【翻译】

高宗的则天顺圣皇后武氏，是并州文水人。父名士彟，详见外戚传。

① 平：平复、康复。② 迎仙院：在洛阳宫城宣政殿西北，又名集仙殿。③ 张柬之与崔玄暐（wěi）：《旧唐书》、《新唐书》均有传。④ 羽林：龙朔二年（662年）设置左右羽林军。李多祚：时任右羽林军大将军，是右羽林军的长官，《旧唐书》、《新唐书》有传。玄武门：这里的玄武门是洛阳宫城的正北门，和长安宫城的正北门同名。⑤ 桓彦范：《旧唐书》、《新唐书》有传。⑥ 观风殿：是上阳宫中的正殿，武后还朝政后居此殿。问起居：问生活得好不好，也就是请安。⑦ 朔：夏历每月初一日。望：夏历每月十五日。⑧ 祔（fù 付）：合葬。乾陵：唐高宗李治的陵墓，在今陕西乾县西北梁山。

文德皇后长孙氏崩后，过了一段时间，太宗听说武士彟女儿美貌，召为才人，年方十四岁。母亲杨氏恸哭着与她分别，她却自如地说："见天子怎知不是福，何必为儿女悲泣啊！"母亲认为她说的有道理，不再哭泣。既见了太宗，赐号叫武媚。到太宗驾崩，与嫔女们一起作尼姑。高宗还是太子时，入侍看上了她。高宗的王皇后长久不生儿子，萧淑妃正受宠幸，王皇后暗地里很不快。有一天，高宗经过佛寺，武才人见到并哭泣，高宗动心了。皇后察知这一切，就把她引进后宫，用来夺萧妃之宠。

武才人有权术智数，诡变不断。起初，她奴颜婢膝地侍奉王皇后，王皇后很高兴，多次在皇上面前夸奖她，因此她被升擢为昭仪。一朝宠幸超过了萧淑妃，逐渐与王皇后不和，王皇后秉性庄重倨傲，不会迎合上下，王皇后的母亲柳氏见了内人尚官们也不虚伪多礼，因而武昭仪探察凡是被王皇后冷落的人，一概款待结交，得到了赏赐，统统分给他们。从此王皇后与萧淑妃的一举一动她都能知道，知道了就报告高宗，但还没有能中伤。武昭仪生了女孩，王皇后去看望抚弄，离去后，武昭仪偷偷地把孩子弄死在被中。等高宗来到，她假装谈笑，揭被看孩子，已死了，吃惊地问左右，都说："王皇后刚才来过。"武昭仪就伤心流泪。高宗没有弄清楚实情，发怒道："王皇后杀我女儿，她往日与萧妃相互诋毁，如今又这样啊！"此后武昭仪的诽谤就能使高宗听信，王皇后无法为自己辩解，而高宗更加宠爱武昭仪，开始有废掉王皇后的想法。

过了一阵，高宗想给武昭仪进号为宸妃，侍中韩瑗、中书令来济说："妃嫔有规定的人数，如今另立名号，不合适。"武昭仪就诬告王皇后和母亲厌胜，高宗心中还有着前恨，相信了武昭仪的话，便决意废掉王皇后。长孙无忌、褚遂良、韩瑗及来济冒死力争，高宗犹豫起来，而中书舍人李义府、卫尉卿许敬宗向来阴险而窥伺时势，就上表请立昭仪为皇后，高宗才拿定主意，下诏废王皇后。又下诏叫李勣、于志宁奉玺绶进武昭仪为皇后，叫群臣及四夷酋长在肃义门朝见皇后，内外命妇入宫拜谒。朝见皇后的事情起源于此。……于是放逐长孙无忌、褚遂良，相继被贬杀，武后得宠权势显赫。

武后城府深，不耻柔顺屈从，以成就大事。高宗以为她能尊重自己，才扭转公议立她。她既已得志，便擅作威福，得意而无避忌。高宗也懦弱昏庸，什么都受武后控制，不能自己作主，时间久了高宗也稍有不满。麟德初年，武后召方士郭行真入宫禁为蛊祝，宦官王伏胜揭发。高宗发怒，便召见西台侍郎上官仪，上官仪指出皇后专权纵恣，失海内人心，不能承受宗庙，和高宗心意相合，高宗催促他起草诏书废掉武后。高宗身边的人赶忙去报告武后，武后急忙到高宗那里替自己申诉，高宗羞愧畏缩，待她像原先一样，还顾虑她怨恨，并说："这都是上官仪教我的。"武后指使许敬宗给上官仪捏造罪名把他杀掉。

当初，元舅、大臣违背旨意，不到一年时间便被屠害覆灭，道路相见只能以目默问。到上官仪被诛，就朝政全归房帷，天子拱手不能作为了。群臣朝见，以及四方奏章，都称"二圣"。每临朝听政，殿中垂帘，高宗与武后同坐，生杀赏罚任凭武后命令。当她下狠心处理时，即使很亲爱的人，也毫不怜悯。高宗晚年风疾加重身体支持不住，把天下大事全都交付给武后。武后便兴办一些太平文治之事，把有学问的集中到内禁殿，撰写了《列女传》、《臣轨》、《百僚新诫》、《乐书》等，大抵有一千多卷。还叫学士们秘密裁决奏议，用以分宰相的权力。……

上元元年(674 年)，进号为天后，她建言十二条：一、鼓励农耕和蚕桑，减轻赋税徭役；二、免除三辅地区百姓的徭役；三、停止用兵，用道德教化天下；四、南北中尚禁止制造浮华精巧的东西；五、省罢费功的力役；六、广开言路；七、杜绝谗言；八、王公以下都要学习《老子》；九、父健在子女要为母服齐衰三年；十、上元年以前勋官已给告身的不再追查核实；十一、京官八品以上增加廪食；十二、百官任职久、材高而位卑的可进阶升官。高宗都下诏实施。

萧淑妃的女儿义阳、宣城二公主被幽禁在掖挺，几乎有四十岁了还不得出嫁。太子弘把这件事告诉了高宗，武后发怒，用药把太子弘毒死。高宗想下诏把帝位让给武后，宰相郝处俊竭力谏诤，才没有办。……

高宗崩，中宗即位，天后称皇太后，遗诏军国大政由她参预裁决。嗣圣元年(684年)，太后废中宗为庐陵王，自己临朝，又让睿宗即帝位。武后坐在武成殿上，睿宗率领群臣上尊号册文。过了三天，太后临朝，命礼部尚书摄太尉武承嗣、太常卿摄司空王德真册封嗣皇帝。从此太后常到紫宸殿，挂着暗紫色帐临朝。……

于是柳州司马李敬业、括苍令唐之奇、临海丞骆宾王恨太后胁逐天子，不胜其愤，就募兵杀死扬州大都督府长史陈敬之，据有扬州要迎立庐陵王。兵众发展到十万。楚州司马李崇福和他们联合，而盱眙人刘行举据城不肯顺从，李敬业攻城，攻不下。太后拜刘行举为游击将军，升擢他的弟弟刘行实为楚州刺史。李敬业南下渡过长江攻取润州，杀死刺史李思文，曲阿县令尹元贞拒战被杀。太后下诏派左玉钤卫大将军李孝逸为扬州道行军大总管，统军三十万讨伐李敬业，在高邮交战，前锋左豹韬果毅成三朗被唐之奇所杀。太后又派左鹰扬卫大将军黑齿常之为江南道行军大总管，与李孝逸协力。李敬业起兵三个月就失败，头被砍下来传送到东都洛阳，三州平定。

起初，武承嗣请太后立七庙，中书令裴炎阻止。到李敬业起兵，裴炎下狱被杀，还杀掉左威卫大将军程务挺。太后正愤怒，有一天，把群臣召到殿廷上训斥道："朕没有对不起天下，你们知道吗？"群臣唯唯称是。太后说："朕辅佐先帝三十多年，为天下忧愁劳苦。你们的官爵富贵，是朕所给的，天下安逸，是朕所养的。先帝弃群臣逝去，把社稷托付给朕，朕不敢爱惜自己，却知道爱人。如今为首作乱的都是将相，为何这么快便辜负了朕？何况受遗命老臣高傲难制有像裴炎那样吗？世代将种能纠合亡命有像徐敬业那样吗？宿将善战有像程务挺那样吗？他们都是人中豪杰，对朕不利，朕能杀了他们。公等才能有超过他们的，可早点动手；不然，小心侍奉朕，不要贻笑于天下。"群臣顿首，不敢仰视，说："一切听从陛下。"过了好久，太后下诏假装要让皇帝复位。睿宗揣测太后并无诚意，坚请太后临朝，太后下制许可。

又叫铸造铜匦存放在一室，题署东面的叫"延恩"，接受要求赏赐的自己进言；南面的叫"招谏"，接受议论朝政得失；西面的叫"申冤"，接受冤抑的进言；北面的叫"通玄"，接受谶步术等秘策。叫中书门下的一名官员管理。太后不惜爵位，笼络四方豪杰为自己所用，即使是狂妄男子，说得合拍，就破格给官做，如不称职，不久也会被罢职诛杀毫不放纵，务求真才实学。又怕天下有谋反叛逆的，下诏允许告变，所在之处要用轻快的驿马传送，供给五品官的饭食，送到京师，当日就召见，厚加爵赏来引诱。凡是说告变，官吏不得诘问，虽是种地的打柴的太后也要亲自接见，让在客馆食宿。敢稽留和不送的，要用所告的罪名加在稽留不送者的头上。因而告变的人遍于天下，人人不敢议论，连大气也不敢出。

下诏毁掉乾元殿建明堂，叫僧人薛怀义为使者监督营造。薛怀义是鄠县人，本姓冯，名叫小宝，……太后召怀义和他私通，喜欢他。为了掩盖形迹使薛怀义能通籍出入宫禁，叫他削发为僧，拜授白马寺主。下诏叫和太平公主夫婿薛绍排辈分，叫薛绍把他当父辈侍奉。给他厩马，让宦官为驺侍，就连武承嗣、武三思也小心谨慎地尊敬侍奉他。到这时监护营造，做工的有好几万，大木材一般得一千人才能拉得动。又计划在明堂后兴造天堂，宏伟瑰丽仅次于明堂。堂竣工后，薛怀义拜为左威卫大将军、梁国公。

开始在西京修崇先庙，祭享武氏祖先。武承嗣在洛水的石块上伪刻文字，以促使太后称帝，派雍人唐同泰献上，武后称它为宝图，擢任唐同泰为游击将军。汜水人又献上瑞石，太后就郊祀上帝答谢赏赐，自称圣母神皇，制作神皇玺，改称宝图为天授圣图，称洛水为永昌水，出图地方叫圣图泉，在洛坛左侧刻石称天授圣图之表，改汜水县为广武县。这时王室已失去权柄，重臣大将都受阻挠而不得逞，宗室孤立摈弃无立足之地。于是，韩王元嘉等谋图举兵号召天下，迎回中宗。琅邪王冲、越王贞首先发难，诸王仓卒没能响应，就此失败。元嘉与鲁王灵夔等都自杀，其余都坐罪被杀，诸王被牵连几乎都死光了，子孙即使是襁褓中的婴孩也被投放到岭南。太后亲自祭拜洛水受圣图，天子率领太子、群臣、蛮夷以次排列，坛下大陈珍禽、异兽、贡物和仪仗，礼成后离去。……

太后给自己取名叫曌，并改诏书为制书。……拜薛怀义为辅国大将军，封鄂国公，叫他与众僧编造《大云经》，说神皇受天命的事情。春官尚书李思文诡称："《周书》有《武成》篇，其中有'垂拱天下治'的辞句，是太后受命的符瑞。"太后高兴，都颁布天下，逐渐谋图改朝换代。但怕人心不服，便阴险凶狠地拘捕残害，肆意斩杀来让天下恐惧，放纵酷吏周兴、来俊臣等几十人作为爪牙。如有不满和平时怀疑害怕的，一定用峻法来陷害，宗室侯王及其他刚直的大臣将相接连被杀，鲜血染红监狱，家家不能自保。太后却手操奁具安坐重帏，而国命转移了。

御史傅游艺率领关内父老请求革命，改皇帝姓氏为武。又胁迫群臣坚决请求，胡说凤凰集于上阳宫，赤雀见于朝堂。天子不自安，也请求改姓武，以表示天下一尊。太后知道威权已在自己，就大赦天下，改国号为周，自称圣神皇帝，旗帜用赤色，把皇帝降为皇嗣。在神都立武氏七庙。……诸武氏都被封为王。下诏改并州文水县为武兴县，比之于汉代的丰、沛，当地百姓世代免除徭役。……

有人上封事说岭南流人想造反，太后派摄右台监察御史万国俊前去查究，情况属实就处决。万国俊到了广州，把流人都召集到一起，假造诏书赐他们自尽，流人号哭不服，万国俊把他们驱赶到水边上，使他们无从逃跑，一天杀死三百多人，就诬奏流人怨恨不平，请求统统除掉。于是太后派右卫翊府兵曹参军刘光业、司刑评事王德寿、苑南面监丞鲍思恭、尚辇直长王大贞、右武卫兵曹参军屈贞筠，都摄监察御史，分别去剑南、黔中、安南等六道审问，而升擢万国俊作左台侍御史。刘光业等人也想在太后面前立功，唯恐人杀得少。刘光业杀掉九百人，王德寿杀掉七百人，其余也不少于五百人。太后很久以后才知道这些流人冤枉，下诏六道叫把被杀的送回家。……

太后又给自己加号称金轮圣神皇帝。……延载二年(695年),武三思率领蕃夷各酋长及耆老请求制造天枢,记载太后功德,来黜唐兴周,太后下制许可,叫纳言姚琦监护制造。于是聚敛大量铜铁合铸,题有"大周万国颂德天枢"的字样,竖立在端门外面。它的形状像根柱子,高一百零五尺,八面,每面各宽五尺,冶铁成山的形状做底座,上面是铜龙,环列着石制的怪兽。柱的上端是云盖,中间突出一颗大珠子,珠子高一丈,周长三倍。制作了四条蛟,每条长一丈二尺,来托着珠子。底座的铁山周长一百七十尺,高二丈。整个约用掉铜铁二百万斤。就把群臣及蕃酋的姓名全刻在天枢上面。

薛怀义的宠幸稍形减弱,而御医沈南璆被引进得宠,薛怀义大为怨恨,就纵火焚烧了明堂,太后感到羞愧,掩盖不声张。薛怀义更加凶狠恣肆,怏怏不服,太后就密诏太平公主选择健壮的妇女把他在殿堂上捆起来,叫建昌王武攸宁、将作大匠宗晋卿率领壮士把他打死,用畚车把尸体拉回白马寺。薛怀义先前依仗太后宠幸,气势一时谁也比不过,高踞百官之上。他手下的徒众多干犯法的事情,御史冯思勖进行弹劾,薛怀义大怒,在路上相遇,叫他身边的人殴打冯思勖,冯思勖几乎被打死,不敢说什么。突厥默啜侵扰边塞,太后拜薛怀义为新平、伐逆、朔方道大总管,统领十八员将领的兵马抗击,甚至叫宰相李昭德、苏味道做他的长史、司马。后来薛怀义厌进宫禁，暗中招募有气力的少年上千人为僧，有谋反的打算。侍御史周矩弹劾薛怀义罪状并请求审理，太后说："你暂且出去，朕会让他到监狱。"周矩在御史台坐等，不一会，薛怀义气势汹汹地快马赶到，径直坐在大榻上，周矩令吏人记录口供，薛怀义立即乘马离去。周矩奏闻太后，太后说："这个道人向来疯狂，不足惩办，他手下的少年听凭严加查究。"周矩把这些少年全流放到鄙恶之地。薛怀义诬陷周矩，不久周矩就被免官。

太后在南郊祭天，把周文王、武王、武士彟、唐高祖作为配享。太后加号天册金轮圣神皇帝。就去封嵩山，禅少室山，册封山的神为帝，配偶为后。封坛南边有棵大槲树，大赦那天把一只鸡放在树梢，赐号为"金鸡树"。太后自制《升中述志》，刻在石上让后世看。把明堂改为通天宫，铸造九州鼎，各按九州的方位，陈列在廷中。又聚敛天下黄金作大仪钟，没有造成。……

自从薛怀义死后，张易之、张昌宗受太后宠幸，就设置控鹤府，府有监、丞、主簿、录事等官职，控鹤监是三品，由张易之充任。太后见到武氏子弟封王并不得天下人之心，前不久把中宗从房州接回，让他重新做皇太子。她唯恐自己死后被唐宗室欺凌而无葬身之地，就让武氏诸王和相王、太平公主在明堂起誓告天地，并铸了铁券藏在史馆。……

神龙元年(705 年)太后有病,长时间不见康复,居住在迎仙院。宰相张柬之与崔玄暐等出谋划策,请求中宗带兵进宫诛杀张易之、张昌宗,于是羽林将军李多祚等统率兵众从玄武门进入,在院左斩杀二张。太后闻变起身,桓彦范进来请太后传位皇太子,太后返回躺倒,不再说话。中宗于是重新即位。把太后迁到上阳宫,中宗率领百官到观风殿向太后问起居,以后一般隔上十天一去上阳宫,不久改为每月的朔、望去朝见。……恢复唐宗庙。诸武氏的封王都降低爵位。这年太后驾崩,享年八十一岁。遗制称则天圣皇太后,去掉帝号。谥号叫则天大圣后,与高宗合葬在乾陵。……

刘子玄传

先秦以来，经过司马迁、班固等人的努力，到魏晋南北朝我国史学已出现空前繁荣的局面，光附在《隋书》里的《经籍志》中所载史部书已多至八百一十七部。史书写得多了，就需要评论撰写的得失，于是我国第一部史学理论著作《史通》就应时而生。这里选译了《史通》作者刘子玄即刘知幾的传记，从其中也可以看到这位史学家确有较高的理论水平。（选自卷一三二）

刘子玄，名知幾，以玄宗讳嫌①，故以字行。年十二，父藏器为授《古文尚书》②，业不进，父怒，楚督之③。及闻为诸兄讲《春秋左氏》④，冒往听，退辄辨析所疑，叹曰："书如是，儿何怠！"父奇其意，许授《左氏》。逾年，遂通览群史，与兄知柔俱以善文词知名⑤。擢进士第⑥，调获嘉主簿⑦。……

---

① 玄宗：唐睿宗的第三子，名隆基，玄宗是他死后的庙号。讳嫌：我国封建社会里对皇帝、皇后以及自己的尊长如父亲、祖父等不得直呼其名，把他们的名叫讳，又和名讳读音近的字叫嫌名或嫌讳、讳嫌，刘知幾的"幾"读音近于李隆基的"基"，所以"幾"字在当时就成为了讳嫌。 ② 父藏器：刘藏器，《旧唐书》、《新唐书》有传。《古文尚书》：唐人所说的《古文尚书》其实都是魏晋时人伪造的《伪古文尚书》，也就是如今《十三经注疏》里《尚书》。 ③ 楚：古时扑责生徒的小杖。这里为动词，当鞭打讲。 ④《春秋左氏》：《春秋左氏传》，《春秋》三传之一，也是唐人所说的《五经》之一，是用史实对《春秋经》作传，出于战国前期人之手。 ⑤ 兄知柔：刘知柔，《旧唐书》、《新唐书》有传。 ⑥ 擢（zhuó 浊）进士第：进士科，是唐代最受人重视的科举科目。擢进士第，即考中进士科，因为科举考试录取时要评定等第，所以说擢第或登第。 ⑦ 获嘉：县名，在今河南获嘉。主簿：县令的主要辅佐官。

累迁凤阁舍人[①]，兼修国史[②]。中宗时，擢太子率更令[③]，介直自守[④]，累岁不迁。会天子西还[⑤]，子玄自乞留东都。三年，或言子玄身史臣而私著述，驿召至京领史事[⑥]。迁秘书少监。时宰相韦巨源、纪处讷、杨再思、宗楚客、萧至忠皆领监修[⑦]，子玄病长官多，意尚不一，而至忠数责论次无功[⑧]，又仕偃蹇[⑨]，乃奏记求罢去[⑩]，因为至忠言"五不可"曰："古之国史，皆出一家，未闻借功于众，唯汉东观集群儒[⑪]，纂述无主，条章不建。今史司取

---

① 凤阁舍人：武后时改中书省为凤阁，中书舍人为凤阁舍人。 ② 国史：官修的本朝史，主要指纪传体的本朝史，有时编年体的也可算作国史。 ③ 太子率更令：唐代太子东宫设有率更寺，长官叫令，掌宗族次序、礼乐、刑罚及漏刻等。④ 介：耿直。 ⑤ 天子西还：这里的天子指中宗。武则天当政时多居东都洛阳，中宗在神龙元年（705 年）的政变中再次即位，第二年十月返回京师长安，长安在洛阳之西，故曰"西还"。 ⑥ 驿（yì 译）：驰驿，乘用驿站的官马前往目的地。⑦ 韦巨源、纪处讷（nè）、杨再思、宗楚客、萧至忠：《旧唐书》、《新唐书》均有传。监修：北齐以前史官奉命编撰史书，但尚无专设机构，到北齐才开设史馆，负责修史，由宰相主管，称监修国史，以后遂成为历代沿用的制度。唐自贞观以后，多以宰相监修国史，遂成惯例。 ⑧ 论次：论是论著，次是编次，论次也就是编写。 ⑨ 偃蹇（jiǎn 简）：困顿，挫折不顺利。 ⑩ 奏记：僚佐向长官上书叫奏记。 ⑪ 东观：在洛阳南宫。东汉明帝命班固等人在此修史。

士滋多①，人自为荀、袁②，家自为政、骏③。每记一事，载一言，阁笔相视④，含毫不断⑤，头白可期，汗青无日⑥，一不可。汉郡国计书上太史⑦，副上丞相⑧，后汉公卿所撰先集公府⑨，乃上兰台⑩，故史官载事为广。今史臣唯自询采，二史不注起居⑪，百家弗通行状⑫，二不可。史局

---

① 史司：即史馆。取士：选拔人材。 ② 荀：荀悦，撰有《汉纪》，《后汉书》有传。袁：袁宏，撰有《后汉纪》，《晋书》有传。 ③ 政：刘向字子政。骏：刘向子刘歆字子骏。父子俩都是大学问家，都继修过司马迁的《史记》，《汉书》均有传。 ④ 阁笔：停笔。 ⑤ 毫：毛笔。 ⑥ 汗青：古时在竹简上书写，先以火炙竹青令汗，干则易写，又不受虫蛀，称为汗青。后也用来指史书的写成。 ⑦ 郡国：汉初，郡和王国同为地方高级行政区划。郡直隶中央，王国由分封的诸王统治。计书：即计簿，载录户口、赋税的簿籍。太史：汉设太史，掌天文历法并修史。 ⑧ 丞相：汉以丞相为宰相。 ⑨ 公卿：原指三公九卿，后泛指朝廷中的高级官员。公府：东汉时以太尉、司徒、司空为三公，是中央的最高官职，公府即指三公的办事机构。 ⑩ 兰台：东汉时修史之处。 ⑪ 二史：指左史和右史，左史记言，右史记事，唐中书省的起居舍人记言，门下省的起居郎记事，所以这里可称之为二史。起居：指皇帝有关国家大事的言(下诏令)和行(有措施)。 ⑫ 百家：指朝廷上显贵官的家，因为多，所以说“百家”。行状：是记述死者世系、籍贯、生卒年月和生平概略的文件，朝廷显贵官死后他们的家属要写了行状并送进政府。

深籍禁门①，所以杜颜面②，防请谒也③。今作者如林④，倘示褒贬⑤，曾未绝口⑥，而朝野咸知⑦。孙盛取嫉权门⑧，王劭见仇贵族⑨，常人之情，不能无畏，三不可。古者史氏各有指归⑩，故司马迁退处士进奸雄⑪，班固抑忠臣饰主阙⑫。今史官注记⑬，类禀监修⑭，或须直辞⑮，或当隐恶⑯，十羊九牧⑰，其令难行，四不可。今监者不肯

---

① 史局深籍禁门：贞观三年(629年)，把史馆移到禁中，在门下省北。 ② 颜面：情面。 ③ 请谒：告求，干求别人。 ④ 作者：著书立说的人，这里指撰写史书的史官。 ⑤ 褒(bāo包)：赞美。贬：贬抑。 ⑥ 绝口：闭口，话说完。 ⑦ 朝野：朝廷里与社会上。 ⑧ 孙盛：东晋史学家，撰《晋阳秋》，写了不利于权臣桓温的话，受到桓温的威胁，《晋书》有传。嫉(jí疾)：憎恨。权门：权贵之家，指桓温。 ⑨ 王劭：隋史学家，当时禁止私家撰史，他却在家著《齐书》，被人告发。《隋书》有传。 ⑩ 指归：主旨、意向。 ⑪ 司马迁：西汉时大史学家，所撰写的《史记》是我国最早的纪传体史书。《史记》里的《太史公自序》就是他的自传，《汉书》里也有传。处士：古代称有才德而隐居不仕的人。 ⑫ 班固：东汉时大史学家，撰写了《汉书》，《汉书》里有他写的《叙传》，《后汉书》里也有传。饰：掩饰，文饰。阙：通"缺"，过失。 ⑬ 注记：记录。 ⑭ 类：大都、大抵。 ⑮ 直辞：直言不讳，如实记载。 ⑯ 隐恶：即把坏事隐藏下来不如实写出。 ⑰ 十羊九牧：只有十头羊倒有九个人在放牧，使羊不知听了谁的命令好。用来比喻领导太多，都在发号施令，叫下面无所适从。

指授①，修者又不遵奉，务相推避，以延岁月，五不可。”又言朝廷厚用其才而薄其礼。至忠得书，怅惜不许。楚客等恶其言讦切②，谓诸史官曰：“是子作书，欲致吾何地？”

始，子玄修《武后实录》③，有所改正，而武三思等不听。自以为见用于时而志不遂，乃著《史通》内外四十九篇④，讥评今古。徐坚读之⑤，叹曰：“为史氏者宜置此坐右也⑥。”……

子玄自负有所未尽，乃委国史于吴兢⑦，别撰《刘氏家史》及《谱考》⑧。……累迁太子左庶子、兼崇文馆学士⑨。……开元初，迁左散骑常侍⑩。……会子贶为太

① 监者：指监修国史的宰相。指授：指点授意，这里指指定国史的体例。 ② 讦（dǐ 底）切：直率而不留情面。 ③ 实录：从唐代开始，每个皇帝死后，都得修该皇帝的实录，实际上就是这个皇帝统治时期的编年史。 ④《史通》内外四十九篇：内篇三十六篇，多论史书源流、体例和编撰方法；外篇十三篇，多论史官建置沿革和史书得失。 ⑤ 徐坚：《旧唐书》、《新唐书》有传。 ⑥ 置此坐右：即把这书放在座位右边，可时时参考。意为应十分重视。 ⑦ 吴兢：也是当时著名的史官，《旧唐书》、《新唐书》有传。 ⑧《谱考》：谱是家谱，记载家族世系姓名，《谱考》是关于刘氏家谱的考订。 ⑨ 太子左庶子：唐东宫设左春坊，长官叫左庶子，掌侍从、赞相、驳正启奏。崇文馆：东宫官署名。是东宫的藏书机构及教授诸王的学校。崇文馆置学士二人，掌图书经籍，教授学生。 ⑩ 左散骑常侍：门下省属官，掌规讽过失，侍从顾问。

乐令①，抵罪，子玄请于执政②，玄宗怒，贬安州别驾卒③，年六十一。

子玄领国史且三十年，官虽徙，职常如旧。礼部尚书郑惟忠尝问④："自古文士多，史才少，何耶？"对曰："史有三长：才、学、识，世罕兼之，故史者少。夫有学无才，犹愚贾操金，不能殖货⑤；有才无学，犹巧匠无楩楠斧斤⑥，弗能成室。善恶必书，使骄君贼臣知惧，此为无可加者。"时以为笃论⑦。子玄善持论⑧，辩据明锐，视诸儒皆出其下，朝有论著辄豫。殁后⑨，帝诏河南就家写《史通》⑩，读之称善，追赠工部尚书，谥曰文。

【翻译】

刘子玄，名叫知幾，因为避玄宗的嫌名，所以常用"子玄"这个字来代替。十二岁时，父亲刘藏器给他讲授

---

① 子贶：刘子玄长子刘贶，《旧唐书》、《新唐书》有传。太乐令：太常寺下属太乐署的长官，管祭祀时用的音乐。② 执政：指宰相。③ 别驾：州刺史的辅佐官。④ 郑惟忠：《旧唐书》、《新唐书》有传。⑤ 殖货：居积财货以经营生利，也就是经商。⑥ 楩（pián 骈）楠：楩是南方大木，楠是楠木，都是建筑用的良材。斤：斧。⑦ 笃（dǔ 赌）：诚笃，实在。⑧ 持论：立论，自持所见而发表议论。⑨ 殁（mò 末）：死亡。⑩ 河南：即河南府，本为洛州，开元元年（713 年）改为府，治所洛阳在今河南洛阳东北。

《古文尚书》，学业不见长进，父亲生气，鞭打督促他。后来知道给他的兄长们讲授《春秋左氏传》，冒昧去听，退下后就辨析疑难，叹息说："书像这样，儿怎会懈怠！"父亲惊奇他的意愿，答应讲授《左氏传》。过了年，遂通读许多史书，和哥哥刘知柔都以擅长文词知名。考上了进士科，派到获嘉县做主簿。……

几度升迁做上凤阁舍人，兼修国史。中宗时，升擢为太子率更令，以耿介正直要求自己，几年没升迁。适逢天子西回长安，刘子玄自己请求留在东都。三年，有人说刘子玄身为史臣却私自著述，用驿马把他召到长安任史职，迁任秘书少监。当时宰相韦巨源、纪处讷、杨再思、宗楚客、萧至忠都领监修，刘子玄苦于长官太多，意旨不一，而萧至忠又多次指责他编写无成效，加之仕途不顺利，便奏记请求罢职，向萧至忠讲了"五不可"道："古代的国史，撰写都出于一家，没有听说由众人来完成。唯有后汉在东观召集群儒，而撰写无人主持，条例章程没有订立。如今史馆调取的人更多，人人自以为是荀悦、袁宏，家家自以为是刘向、刘歆，每记一件事，写一句话，放下笔互相观望，吮着笔不下断语，头发很快就会变白，史书却无完成之日，这是一不可。前汉时郡国的计书要送上太史，副本才送上丞相，后汉时公卿所撰写的先集中公府，再送上兰台，所以史官记载得广收博采。

如今史臣唯靠自己询问征集，左右史不记起居，显贵家不送行状，这是二不可。史馆深居禁中，为的是杜绝情面，防止请谒。但如今修撰的人多，倘若表示褒贬，话还未曾说完，朝野都已知道。像当年孙盛被权门嫉恨，王劭被贵族仇视，一般人的心理，对此怎能无所畏惧？这是三不可。古代撰写史书的各有主旨，因此像司马迁就贬退处士而褒扬奸雄，班固就抑制忠臣而为君主文饰过错。如今史官记录，都得听命于监修，有的说必须直言，有的说应该隐恶，等于十只羊九人牧，如何执行？这是四不可。如今监修的不肯指授，修史的又不肯遵奉，一味互相推托回避，用来拖延岁月，这是五不可。”又说朝廷虽重用他的才，但在礼貌待遇上却欠优厚。萧至忠收到奏记，惆怅惋惜没有准许他离职。宗楚客等人憎恶刘子玄说得直率，对史官们说：“这个人作书，想把我置于何地？”

当初，刘子玄修《武后实录》，有所改正，而武三思等人不听从。刘子玄自以为虽被任用于当时，却不能实现他的志愿，便著《史通》内外四十九篇，讥刺品评今古史书，徐坚读了，感叹道：“作史官的应把此书作为座右铭。”……

刘子玄自负才能未能完全施展，就把国史委托给吴兢，另行撰写《刘氏家史》和《谱考》。……多次升迁任太子左庶子、兼崇文馆学士。……玄宗开元初，迁为左散骑常侍。……逢上儿子刘贶任太乐令，犯事被治罪，刘子玄向宰相求情，玄宗发怒，刘子玄被贬为安州别驾去世，享年六十一岁。

刘子玄掌修国史近三十年，官虽迁升，仍常领着史职。礼部尚书郑惟忠曾问他："自古文士多，史才少，是什么缘故？"他回答道："史家要有三长：即才、学、识，世上很少有人能兼备，因此史家少。有学没有才，犹如愚笨的商贾手持黄金，不会经营生利；有才没有学，犹如精巧的工匠没有楩楠斧斤，不能建成房屋。善恶必载，使骄君和贼臣都知道畏惧，才是最高明的了。"时人认为这是说了实在话。刘子玄善于持论，辩析引据明快透辟，认为当时的文士们都远不如自己，朝廷有论议著述他常参加。他去世后，玄宗下诏叫河南府到他家里抄写《史通》，读后说很好，追赠他为工部尚书，给谥号叫文。

王忠嗣传

早在唐高宗武太后时期，西边的少数民族吐蕃和东北的少数民族奚、契丹已逐渐强大[①]。唐政权如果再用临时调集的府兵来抵御他们，将陷入两面作战的困境，于是唐玄宗采取了设

① 吐蕃(bō)：我国古代藏族建立的政权，公元七世纪至九世纪时在青藏高原建立，八世纪后半期势力达到西域、河陇地区，给唐朝很大威胁，九世纪中政权瓦解。奚：我国古代少数民族，源出于东胡，南北朝时称库莫奚，分布在饶乐水即今内蒙古自治区西拉木伦河流域，唐末分为东西奚，以后渐与契丹融合。契丹：我国古代少数民族，源出于东胡，北魏以来在今辽河上游一带生活，唐末迭剌部首领阿保机统一契丹及邻近各部，建立辽政权，北宋末为金所灭，契丹人多与汉人、女真人、蒙古人融合。

置节度使的办法。从西北到东北，先后设置了安西、北庭、河西、陇右、朔方、河东、范阳、平卢以及剑南九个节度使和一个岭南五府经略使①。到天宝年间为了加强指挥权，还让个别将领兼领几个节度使。王忠嗣就是这样一位兼领四节度使的大将，他的最后被贬，很可能是由于权力

---

① 安西：节度使治所，在今新疆库车。统辖安西都护府境内的龟兹、疏勒、于阗、焉耆（一作碎叶）四镇及其余军、城、守捉。北庭：节度使治所，在今新疆奇台西北。统辖伊、西、庭三州及北庭都护府境内诸军、镇、守捉。河西：节度使治所，在今甘肃武威。辖境相当今甘肃省河西走廊。陇右：节度使治所，在今青海乐都。辖境相当今甘肃东南部及青海省青海湖以东地区。朔方：节度使治所，在今宁夏永宁西南。辖境初期较广，其后逐渐减缩，较长期领有灵威二州、定远等军及丰安等城，约当今宁夏回族自治区直辖各县旗地（盐池县除外）。河东：节度使治所，在今山西太原。辖境相当今山西长城以南，中阳、灵石、沁源、榆社、左权以北地区。范阳：节度使治所，在今北京。辖境屡有变动，较长期领有幽、蓟、平、檀、妫、燕等州，约当今河北怀来、永清、北京市房山以东和长城以南地区。平卢：节度使治所，在今辽宁朝阳。辖境相当今河北滦河下游以东，辽宁大凌河以西地区。剑南：节度使治所，在今四川成都。辖境约当今四川中部地区。岭南五府经略使：治所在今广东广州，直辖广管诸州，约当今广东钦山港以东大部分地区（连县、连山、连南等县除外）；兼领桂、邕、容、安南四管。

过大引起朝廷猜疑的缘故。(选自卷一三三)

王忠嗣,华州郑人①。父海宾,太子右卫率、丰安军使②。开元二年,吐蕃寇陇右③,……海宾战死,……玄宗怜其忠,赠左金吾大将军④。

忠嗣时年九岁,始名训,授尚辇奉御。入见帝,伏地号泣,帝抚之曰:“此去病孤也⑤!须壮而将之。”更赐今名⑥,养禁中⑦。肃宗为忠王⑧,帝使与游。及长,雄毅寡

---

① 华州:治所在今陕西华县。 ② 太子右卫率:东宫下设太子右卫率府,长官叫率,掌兵仗、仪卫。丰安:军名,在今宁夏中卫。军使:唐在边塞要地设置军,受都督、节度使管辖,长官叫军使。 ③ 陇右:道名,治所在今青海乐都,辖境相当今甘肃六盘山以西,青海省青海湖以东及新疆东部。因为陇右迟至开元五年(717 年)才设置节度使。 ④ 左金吾大将军:左金吾卫是唐十六卫之一,掌宫中、京城巡警及京畿烽候、道路。长官为大将军。 ⑤ 去病孤:去病即西汉打匈奴的名将霍去病,这里借用来指抵御少数民族的将领。孤,幼而丧父叫孤。 ⑥ 赐今名:封建皇帝常用赐名或赐姓以示褒宠,赐名即皇帝为之取名。赐姓多赐以皇室的姓。 ⑦ 禁中:即宫中。因门户有禁,非侍御者不得入,故曰禁中。 ⑧ 肃宗:玄宗第三子李亨,开元十五年(727 年)封为忠王,后立为太子,天宝十四载(755 年)安禄山反叛,次年玄宗幸蜀,太子在灵武(今宁夏灵武西南)即位,肃宗是他的庙号。

言，有武略，上与论兵，应对蜂起①。帝器之，曰："后日尔为良将。"试守代州别驾②，大猾闭门自敛③，不敢干法。数以轻骑出塞，忠王言于帝曰："忠嗣敢斗，恐亡之。"由是召还。

信安王祎在河东④、萧嵩出河西⑤，数引为麾下⑥。帝以其年少，有复仇志，诏不得特将⑦。嵩入朝⑧，忠嗣曰："从公三年，无以归报天子。"乃请精锐数百袭虏。会赞普大酋阅武郁标川⑨，其下欲还，忠嗣不从，提刀略阵⑩，斩数千人，获羊马万计。嵩上其功，帝大悦，累迁左威卫将军、代北都督⑪，封清源县男⑫。与皇甫惟明轻重

① 蜂起：群蜂起飞，这里比喻对答如流，滔滔不绝。② 试守：唐代以品级较低的任较高的官叫"守某官"，试守，即试用守某官。代州：治所在今山西代县。③ 大猾：异常奸狡的人，地痞土豪之类。④ 信安王祎：太宗子吴王李恪之孙，李琨之子，《旧唐书》、《新唐书》有传。⑤ 萧嵩：当时任河西节度使，《旧唐书》、《新唐书》有传。⑥ 麾（huī 挥）下：部下。⑦ 特将：独当一面的将领，玄宗怕王忠嗣特将后会冒险深入以图复仇而遭受损失。⑧ 嵩入朝：指萧嵩于开元十六年（728 年）入朝任宰相。⑨ 赞普：吐蕃君长的称号。郁标川：地名，在今何地已不可考。⑩ 略：通"掠"。⑪ 代北都督：即代州都督。⑫ 清源：县名，在今山西清徐县。

不得[1]，构忠嗣罪，贬东阳府左果毅。

河西节度使杜希望欲取吐蕃新城[2]，有言忠嗣才者，希望以闻，诏追赴河西，进拔其城。忠嗣录多，授左威卫郎将，专知兵马。俄吐蕃大出，欲取当新城，晨压官军阵。众不敌，举军皆恐。忠嗣单马进，左右驰突，独杀数百人，贼众嚣相蹂[3]，军夛翼掩之[4]，虏大败。拜左金吾卫将军，领河东节度副使、大同军使[5]，寻为节度使。二十九年，节度朔方，兼灵州都督[6]。

天宝元年，……突厥新有难，忠嗣进军碛口经略之，乌苏米施可汗请降[7]。忠嗣以其方强，特文降耳[8]，乃营木剌、兰山谍虚实[9]，因上平戎十八策，纵反间于拔悉密

---

① 皇甫惟明：当时任忠王友，事迹见《旧唐书》和《新唐书》的吐蕃传，友是亲王府的高级属官。轻重：议论人物的高下。不得：不相得，说不到一起。② 杜希望：《新唐书》有传。新城：在今青海西宁北。③ 嚣（xiāo 消）：喧哗，吵闹。蹂（róu 柔）：践踏。④ 夛（chǐ 耻）：旁。掩：乘人不备而进袭。⑤ 大同军使：大同军是河东节度使下属的一个军，驻今山西朔州东北。⑥ 灵州：治所在今宁夏灵武西南。⑦ 乌苏米施可汗：事迹见《旧唐书》和《新唐书》的突厥传。⑧ 文降：文是文饰、虚饰，文降就是伪降。⑨ 木剌、兰山：相当于今何地已不详。

与葛逻禄、回纥三部①，攻多罗斯城②，涉昆水③，斩米施可汗。……徙河东节度使，进封县公。

忠嗣本负勇敢，及为将，乃能持重安边④，不生事，尝曰："平世为将⑤，抚众而已，吾不欲竭中国力以幸功名。"故训练士马，随缺缮补⑥。有漆弓百五十斤，每韬之⑦，示无所用。军中士气盛，日夜思战，忠嗣纵诡间伺虏隙⑧，时时出奇兵袭敌⑨，所向无不克，故士亦乐为用。军每出，召属长付以兵⑩，使授士卒，虽弓矢亦志姓名其上⑪。军还，遗弦亡镞⑫，皆按名第罪，以是部下人自劝⑬，器甲充牣⑭。自朔方至云中袤数千里⑮，据要险筑

① 拔悉密：我国古部族名，铁勒诸部之一，后并入回纥。葛逻禄：我国古部族名，突厥的一支，至蒙古兴起时仍存在。回纥：我国古代少数民族，唐天宝时破东突厥在北方建立强大的政权。 ② 多罗斯城：多罗斯水即今新疆的额尔齐斯河，多罗斯城当即此水边的城堡。 ③ 昆水：当是多罗斯城边的河，可能就是多罗斯水的别称。 ④ 持重：谨慎稳重。 ⑤ 平世：升平之世，承平之世，社会秩序比较长期安定的时候。 ⑥ 缮（shàn 善）：修补，整治。 ⑦ 韬（tāo 滔）：弓袋。这里是动词，即用弓袋装起来。 ⑧ 诡间：即间谍。 ⑨ 奇兵：乘敌不意而突袭的部队。 ⑩ 属长：所管属的将领。 ⑪ 志：记。 ⑫ 弦（xián 玄）：弓弦，这里指弓。镞（zú 族）：箭头，这里指箭。 ⑬ 劝：勉，努力。 ⑭ 牣（rèn 认）：满。 ⑮ 云中：云州在天宝元年（742 年）改为云中郡，治所在今山西大同。

城堡，斥地甚远。自张仁亶后四十馀年[1]，忠嗣继其功。

俄为河西、陇右节度使，权朔方、河东节度[2]，佩四将印，劲兵重地，控制万里，近世未有也。又授一子五品官。后数出战青海、积石，虏辄奔破。又讨吐谷浑于墨离[3]，平其国。乃固让朔方、河东二节度，许之。

帝方事石堡城[4]，诏问攻取计，忠嗣奏言："吐蕃举国守之，若顿军坚城下，费士数万，然后可图，恐所得不雠所失[5]，请厉兵马，待衅取之[6]。"帝意不快。而李林甫尤忌其功[7]，日钩摭过咎[8]。会董延光建言请下石堡，诏忠嗣分兵应接，忠嗣不得已为出军，而士无赏格[9]，延光不悦。河西兵马使李光弼入说曰[10]："大夫爱惜士卒，有拒延光心，虽名受诏，实夺其谋。然大夫已付万众，而不立重赏，何以贾士勇[11]？且大夫惜数万段赐，以启谗口，有

---

① 张仁亶（dàn 胆）：唐武后、中宗时名将，经营西北边有功，《旧唐书》、《新唐书》有传。 ② 权：唐称代理某官为"权某官"。 ③ 墨离：今青海共和。 ④ 石堡城：今青海西宁南，唐和吐蕃之间的军事重镇和交通要冲。 ⑤ 不雠：不等同、不相当。 ⑥ 衅：同"衅"，瑕隙，破绽。 ⑦ 李林甫：时任宰相，《旧唐书》、《新唐书》有传。 ⑧ 钩摭（zhē 哲）：搜求。 ⑨ 赏格：立功的奖赏办法。 ⑩ 兵马使：节度使下属的主要军事指挥官。李光弼：唐代名将，《旧唐书》、《新唐书》有传。说（shuì 税）：用话劝说别人使听从自己的意见。 ⑪ 贾（gǔ 古）：买，求取。

如不捷，归罪大夫，大夫先受祸矣！”忠嗣曰：“吾固审得一城不足制敌，失之未害于国，吾忍以数万人命易一官哉？明日见责，不失一金吾、羽林将军归宿卫；不者，黔中上佐耳①。”光弼谢曰：“大夫乃行古人事，光弼又何言！”趋而出。延光过期不克，果诉忠嗣沮兵。又安禄山城雄武②，扼飞狐塞③，谋乱，请忠嗣助役，因欲留其兵。忠嗣先期至，不见禄山而还，数上言禄山且乱。林甫益恶之，阴使人诬告“忠嗣尝养宫中，云吾欲奉太子”。帝怒，召入付三司讯验④，罪应死。哥舒翰方有宠⑤，白上，请以官爵赎忠嗣罪。帝意解，贬汉阳太守⑥。久之，徙汉东郡⑦，卒，年四十五。后翰引兵攻石堡，拔之，死亡略尽，如忠嗣言，故当世号为名将。

初，在朔方，至互市辄高偿马直⑧，诸蕃争来市，故蕃

---

① 上佐：州郡长官下的别驾、长史、司马通称为上佐。 ② 安禄山：《旧唐书》、《新唐书》有传，《新唐书》传本书已选译。城雄武：在雄武军筑城，雄武军驻在今天津蓟县、兴隆之间。 ③ 飞狐塞：在今河北涞源，当其时河东至河北的通道飞狐道上。 ④ 三司：唐以御史大夫、中书、门下为三司，受理刑狱。 ⑤ 哥舒翰：本是王忠嗣所识拔的将领，这时代王任陇右节度使。 ⑥ 汉阳：沔州在天宝元年(742 年)改名汉阳郡，治所在今湖北武汉市的汉阳。太守：郡的长官。 ⑦ 汉东：隋州在天宝元年(742 年)改名汉东郡，治所在今湖北随县。 ⑧ 互市：当时和少数民族贸易叫互市。直：通“值”。

马寖少，唐军精。及镇河、陇，又请徙朔方、河东九千骑以实军，迄天宝末益滋息。宝应元年，追赠兵部尚书。……

【翻译】

王忠嗣，是华州郑县人。父名海宾，任太子右卫率、丰安军使。玄宗开元二年(714年)，吐蕃寇陇右，……王海宾战死，……玄宗哀怜他尽忠，追赠他为左金吾大将军。

王忠嗣当时九岁，起初名叫训，授为尚辇奉御。他进见玄宗，伏在地上号哭，玄宗抚摩着他说："这是霍去病的孤儿啊！要等长大后任用为将领。"改赐名忠嗣，留在宫中抚养。肃宗当时是忠王，玄宗叫王忠嗣和肃宗一起生活。到王忠嗣长大后，雄武刚毅而不多说话，有军事才略，玄宗与他谈论用兵，他对答如流。玄宗器重他，说："日后你定成为良将。"叫王忠嗣试守代州别驾，当地大猾闭门收敛，不敢触犯法令。王忠嗣多次率轻骑出塞，忠王对玄宗说："忠嗣敢于战斗，怕会牺牲掉。"因此把他召回。

信安王李祎在河东，萧嵩出镇河西，多次引用王忠嗣为部下。玄宗见王忠嗣年少，有为父复仇的心愿，下诏不许他独当一面。萧嵩要入朝，王忠嗣说："跟随公三年，没有什么好让公回去报告天子。”就请带上数百名精锐袭击吐蕃。适逢吐蕃赞普大酋在郁标川检阅军队，王忠嗣的部下想撤回，王忠嗣不听，提刀直掠敌阵，斩杀好几千人，掳获羊马数以万计。萧嵩上奏王忠嗣的战功，玄宗非常高兴，让王忠嗣几次升迁做到左威卫将军、代北都督，封为清源县男。因和皇甫惟明在对人的看法上说不到一起，被诬陷，贬为东阳府左果毅都尉。

河西节度使杜希望想要攻取吐蕃新城，有人说王忠嗣有才能，杜希望奏闻皇上，下诏把王忠嗣追回叫去河西。进军拿下新城，王忠嗣记录的功劳多，授任左威卫郎将，专门掌管兵马。不久吐蕃大举出击，想要夺回新城的损失，清晨直压官兵阵上。官兵众寡不敌，全军都恐惧起来。王忠嗣却匹马进击，左右冲突，独个斩杀几百敌人，敌人叫嚣着相互践踏，官兵从侧翼掩击，敌军大败。王忠嗣拜授左金吾卫将军，领河东节度副使、大同军使，不久任节度使。开元二十九年(741 年)，任朔方节度使，兼灵州都督。

玄宗天宝元年(742 年)，……突厥发生新的内乱，王忠嗣进军到碛口准备行动，突厥的乌苏米施可汗提出要投降。王忠嗣考虑乌苏米施可汗正强悍，这只是假投降，就驻扎木剌、兰山窥测虚实，并上平戎十八策，派人去拔悉密与葛逻禄、回纥三部族搞离间活动，攻下多罗斯城，渡过昆水，斩杀米施可汗。……王忠嗣调任河东节度使，进封为县公。

王忠嗣本来以勇敢自负，到做了将领，却能持重安边，不生事，曾说："作为平世的将领，安抚兵众而已，我不想竭尽中国之力来邀取功名。"因而只是训练兵马，有缺失就补足。有一百五十斤漆弓，常用弓袋装起来，表示不去用它。军中士气旺盛，日夜想打仗，王忠嗣派间谍窥测敌人有可乘之机，时时出奇兵袭击，所向无不获胜，所以士卒也乐意为他所用。军队每当出发，召集部将交付兵器，叫发给士卒，即使弓箭也要把姓名写在上面，军队返回，遗失弦镞，都按姓名论罪，因此部下人人自勉，兵器铠甲充足。从朔方到云中纵长几千里，据险要筑城堡，开拓疆土很远。自从张仁亶后四十多年，王忠嗣继承了他的功业。

不久任河西、陇右节度使，权朔方、河东节度使，身佩四将印，统领劲兵重地，控制万里，近代未曾有过，又授他一个儿子为五品官。此后多次出战于青海、积石，虏军常被击败奔逃。又在墨离征讨吐谷浑，平定吐谷浑国。这时坚决辞让朔方、河东二节度使，得到玄宗许可。

玄宗正有事于石堡城，下诏问攻取的办法，王忠嗣上奏说："吐蕃用全国的力量守御石堡城，如果顿军于坚城之下，要死掉几万人，才可以把它拿下来，只怕得不偿失，请厉兵秣马，等有了机会再攻取。”玄宗心里不痛快。而李林甫尤其妒忌王忠嗣的功劳，天天找寻他的过错。恰巧董延光建议攻取石堡城，下诏叫王忠嗣分兵接应，王忠嗣不得已为之出兵，但不给士卒立赏格，董延光不高兴。河西兵马使李光弼进去劝说道：“大夫爱惜士卒，有抵制董延光之心，虽则名义上受诏，但实际上是要取消他的计划。然而大夫已交付他上万兵众，却不立重赏，何以买取士卒之勇？况且大夫吝惜数万段赏赐，招来谗言，如果战事失利，归罪于大夫，大夫就要先受祸害了！”王忠嗣说：“我本来已很清楚得到这座城不足以制服敌人，失去它对国家也无害处，我忍心用几万人的性命换取一个官职吗？将来被责怪，不失为一个金吾、羽林将军，回京宿卫；不这样，无非去黔中做个上佐罢了。”李光弼谢罪道：“大夫乃是做古人的事情，光弼还有什么好说！”赶快退出。董延光过了期限没有攻下，果然诉说王忠嗣阻碍军事。又安禄山筑雄武城，控制飞狐塞，准备造反，请王忠嗣帮助修筑，想就此留下王忠嗣的兵，王忠嗣提前到达，没有和安禄山见面就回去，多次上奏安禄山将造反。李林甫更加憎恶他，暗中叫人诬告“王忠嗣曾抚养在宫里，说想尊奉太子”。玄宗大怒，把王忠嗣召进来交付三司审讯，论罪应处死刑。哥舒翰正受宠信，对玄宗说，请用自己的官爵为王忠嗣赎罪。玄宗才稍为缓和,把王忠嗣贬为汉阳太守。过了好久,迁任汉东郡,去世,终年四十五岁。后来哥舒翰带兵攻打石堡城,打了下来,士卒几乎死光了,正如王忠嗣所说,因此当世称王忠嗣为名将。

当初,王忠嗣在朔方,到互市时就提高马价,各处蕃人争着前来互市,所以蕃人的马逐渐减少,唐军更加精锐。到他任河西、陇右节度使时,又请求调用朔方、河东的九千匹战马充实镇军,到天宝末年更加滋生繁衍。肃宗宝应元年(762年),追赠王忠嗣为兵部尚书。……

文艺王维传

王维是我国历史上第一流的画家，又是第一流的诗人。他的诗名在当时还在李白、尤其杜甫之上，天宝初年编选的《国秀集》里就只选王维，不选李、杜；天宝末年编选的《河岳英灵集》选了王维、李白，仍不选杜甫。王维的画在《唐朝名画录》中虽只算妙品而非神品，到明人创立山水画南北宗时却把他作为南宗的始祖。《新唐书》文艺传里的这个传记虽较简略，却钩画出了王维在诗画上的本来风格。（选自卷二〇二）

王维，字摩诘[1]，九岁知属辞[2]，与弟缙齐名[3]，资孝友[4]。开元初，擢进士，调太乐丞[5]，坐累为济州司仓参军[6]。张九龄执政[7]，擢右拾遗[8]。历监察御史。母丧，毁几不生[9]。服除[10]，累迁给事中[11]。

安禄山反，玄宗西狩[12]，维为贼得。以药下利[13]，阳喑[14]。禄山素知其才，迎置洛阳，迫为给事中。禄山大宴凝碧池[15]，悉召梨园诸工合乐[16]，诸工皆泣，维闻悲甚，赋

---

① 诘：音 jié 结。② 属（zhǔ 主）辞：属是缀辑，属辞就是撰写诗文。③ 弟缙：王缙，《旧唐书》、《新唐书》有传。④ 资：资质、天性。孝：对父母孝顺。友：兄弟间相敬爱。⑤ 太乐丞：太乐令的副职。⑥ 济州：治所在今山东茌（chí 迟）平。司仓参军：州刺史的僚佐，掌仓贮、租赋、财货、市肆之事。⑦ 张九龄：《旧唐书》、《新唐书》有传。⑧ 拾遗：唐代谏官名，武则天时置，职务是对皇帝进谏并举荐人员。左拾遗属门下省，右拾遗属中书省。⑨ 毁：哀毁，旧谓居丧时因过度悲哀而损害健康。⑩ 服除：为父母守丧期满，除去孝服。⑪ 给事中：是门下省的要职，在侍中及门下侍郎之下，掌驳正政令之违失。⑫ 狩（shòu 兽）：通“守”，天子外出通称“巡守”或“巡狩”，即使外逃也可这么说。⑬ 下利：中医学病症名，对泄泻与痢疾的统称。⑭ 阳：通“佯”，假装。喑（yīn 阴）：哑。⑮ 凝碧池：在洛阳神都苑的最东边。⑯ 梨园：唐玄宗曾选乐工三百人、宫女数百人，教授乐曲于梨园，亲自订正声误，并号为“皇帝梨园弟子”。梨园一在长安光化门北禁苑中，一在蓬莱宫侧宜春院。

诗悼痛。贼平，皆下狱。或以诗闻行在，时缙位已显，请削官赎维罪，肃宗亦自怜之，下迁太子中允①。久之，迁中庶子②，三迁尚书右丞。

缙为蜀州刺史未还③，维自表“己有五短，缙五长，臣在省户④，缙远方，愿归所任官，放田里⑤，使缙得还京师”。议者不之罪。久乃召缙为左散骑常侍。上元初卒，年六十一。疾甚，缙在凤翔⑥，作书与别，又遗亲故书数幅，停笔而化⑦。赠秘书监。

维工草隶⑧，善画，名盛于开元、天宝间，豪英贵人虚左以迎⑨，宁、薛诸王待若师友⑩。画思入神⑪，至山水平远，云势石色，绘工以为天机所到⑫，学者不及也⑬。客

① 太子中允：太子左春坊的副职，掌侍从赞相，驳正启奏。 ② 中庶子：即左庶子。 ③ 蜀州：治所在今四川崇州。 ④ 省户：宫省的门户，因为当时王维任尚书省的尚书右丞，所以这么说。 ⑤ 田里：故乡。 ⑥ 凤翔：府名，治所在今陕西凤翔。 ⑦ 化：死，佛家称死为坐化。 ⑧ 草隶：草书和隶书，但唐代的隶书实际上是指今天的所谓楷书（亦即正书）。 ⑨ 豪英：才智出众的人。虚左：古时乘车以左为尊，空着以待贵宾，谓之虚左，后来凡接待贵宾都说虚左。 ⑩ 宁、薛诸王：宁王李宪，本名成器，睿宗长子，玄宗兄。薛王李业，本名隆业，睿宗第五子，玄宗弟。《旧唐书》、《新唐书》均有传。 ⑪ 画思：作画的思路。入神：达到神妙的境界。 ⑫ 绘工：专业绘画的画工。天机：犹性灵，谓人的天赋灵机。 ⑬ 学者：这里指专门学的人。

有以《按乐图》示者，无题识①，维徐曰：“此《霓裳》第三迭最初拍也②。”客未然，引工按曲，乃信。

兄弟皆笃志奉佛③，食不荤④，衣不文彩⑤。别墅在辋川⑥，地奇胜，有华子冈、欹湖、竹里馆、柳浪、茱萸沜、辛夷坞⑦，与裴迪游其中，赋诗相酬为乐。丧妻不娶，孤居三十年。母亡，表辋川第为寺，终葬其西。

宝应中，代宗语缙曰：“朕尝于诸王座闻维乐章⑧，今传几何?”遣中人王承华往取⑨，缙裒集数十百篇上之。

【翻译】

王维，字叫摩诘，九岁懂得撰写诗文，与弟弟王缙齐名，天性很孝友。玄宗开元初年，考中进士科，任太乐丞，受连累贬为济州司仓参军。张九龄任宰相，提拔他为右拾遗。历任监察御史。母亲去世，哀毁得几乎不想

---

① 题识：指画上的题字。 ② 霓(ní 倪)裳：霓裳羽衣曲，当时从西域传进来的时新乐舞。迭：乐曲的迭奏。 ③ 笃志：志向专一不变，诚心。 ④ 荤(hūn 昏)：指鱼肉类食品及葱蒜等辛臭的菜。 ⑤ 文彩：这里指色彩华丽的衣服。 ⑥ 辋(wǎng 往)川：即辋谷水，在今陕西蓝田南，源出秦岭北麓，北流至县南入灞水。 ⑦ 欹：音 yī 衣。茱萸(zhū yú 朱鱼)：植物名，有浓烈香味，可入药。沜(pàn 判)：同“泮”，半月形的水池。辛夷：木兰的别称。坞(wù 误)：四面高而中央低的山地。⑧ 乐章：能入乐的诗篇。 ⑨ 中人：即宦官。

活下去。服除后，几度升迁做上给事中。

安禄山反叛，玄宗西巡，王维被贼军抓获。他用药弄成拉痢，假装哑了。安禄山向来知道他有才，把他接到了洛阳，强迫他任给事中。安禄山在凝碧池设盛宴，把梨园乐工都召来合奏，乐工们都流下眼泪。王维听说了非常悲伤，赋诗表示哀痛。叛贼被讨平，王维等都被关进监狱。有人把王维这首诗传到行在，这时王缙官位已显达，请求削去官职来赎王维的罪，肃宗自己也怜惜王维，只把他贬为太子中允。过了一段时候，升迁为中庶子，三次升迁任尚书右丞。

王缙任蜀州刺史还未回朝，王维自己上表说："自己有五个短处，王缙有五个长处，而臣在省户，缙在远方，臣情愿归还所任官职，放回田里，使王缙得以还京师。"议论的人没有怪罪王维。后来便内召王缙为左散骑常侍。肃宗上元初年王维逝世，享年六十一岁。病重时，王缙在凤翔，王维写信和他诀别，又写了几幅给亲戚故旧的书信，停下笔化去。追赠秘书监。

王维长于草隶，善绘画，在开元、天宝年间享有盛名，豪英贵人虚左相迎，宁、薛诸王以师友相待。王维画思入神，至于所绘山水平远，云势石色，画工们以为天机独到，是专门学画的人所比不上的。有人拿《按乐图》给王维看，图上没有题识，王维慢慢地说："这是《霓裳》第三迭第一拍。”这人不以为然，召乐工奏曲，才相信。

王维兄弟都诚心奉佛，不吃荤食，不穿华丽的衣服。别墅在辋川，环境非常美好，有华子冈、欹湖、竹里馆、柳浪、茱萸沜、辛夷坞，王维与裴迪在其中游赏，赋诗酬答取乐。王维在妻去世后没有再娶，独身生活了三十年。母亲去世，王维把辋川的第宅表请改为佛寺，王维去世后葬在寺的西侧。

宝应年间，代宗对王缙说：“朕曾在诸王座上听过王维的乐章，现今流传的有多少？”派宦官王承华去取，王缙聚集了几十百篇献上。

逆臣安禄山传

设置节度使在唐玄宗时本是安定边陲的好办法，如设置了范阳节度使，确实对抵御奚、契丹起了积极作用。至于安禄山当了范阳节度使势力大后会造反，则是唐玄宗所考虑不及的。至于过去有人说唐玄宗晚年因宠爱杨贵妃后不再留心政事，从而造成天下大乱，在这个传里也透露出这种看法，则自然是极不科学的看法。要知道在开元时唐玄宗也曾宠爱过一位武惠妃，而且宠爱的程度并不亚于杨贵妃，为什么在当时不发生变乱呢？（选自卷二二四）

安禄山，营州柳城胡也①，本姓康。母阿史德，为觋②，居突厥中，祷子于轧荦山③，虏所谓斗战神者，既而妊④。及生，有光照穹庐⑤，野兽尽鸣。望气者言其祥⑥，范阳节度使张仁愿遣搜庐帐，欲尽杀之，匿而免。母以神所命，遂字轧荦山。少孤，随母嫁虏将安延偃。开元初偃携以归国，与将军安道买亡子偕来，得依其家，故道买子安节厚德偃，约两家子为兄弟，乃冒姓安，更名禄山。及长，忮忍多智⑦，善亿测人情，通六蕃语，为互市郎⑧。

张守珪节度幽州⑨，禄山盗羊而获，守珪将杀之，呼曰："公不欲灭两蕃邪⑩？何杀我？"守珪壮其语，又见伟

① 营州：治所在今辽宁朝阳，开元后平卢节度使治此。柳城：县名，治所在今辽宁朝阳。 ② 觋（xí 习）：为人祷祝鬼神的男巫，这里通用指巫。 ③ 荦：音 luò 络。 ④ 妊（rèn 任）：怀孕。 ⑤ 光照穹庐：古代称游牧民族居住的毡帐为穹庐，光照穹庐等，当然都是安禄山显贵后所编造的神话。 ⑥ 望气：古代方士的一种占候术，看了云气的变幻胡说有什么吉凶征兆。祥：吉凶征兆。 ⑦ 忮（zhì 至）：忌刻。 ⑧ 互市郎：即互市牙郎。牙郎：即牙人，以介绍买卖为业的人。 ⑨ 张守珪：《旧唐书》、《新唐书》有传。 ⑩ 两蕃：唐人习惯称奚和契丹为"两蕃"。

而皙①，释之。与史思明俱为捉生②，知山川水泉处，尝以五骑禽契丹数十人。守珪异之，稍益其兵，有讨则克，拔为偏将③。守珪丑其肥，由是不敢饱。因养为子，后以平卢兵马使擢特进、幽州节度副使。

于是御史中丞张利贞采访河北④，禄山百计谀媚⑤，多出金谐结左右为私恩。利贞入朝，盛言禄山能，乃授营州都督、平卢军使、顺化州刺史⑥。使者往来，阴以赂中其嗜，一口更誉，玄宗始才之。天宝元年，以平卢为节度，禄山为之使，兼柳城太守，押两蕃、渤海、黑水四府经略使⑦。明年入朝，奏对称旨⑧，进骠骑大将军⑨。又明

---

① 皙(xī 析)：皮肤白。 ② 史思明：后来继安禄山成为叛军首领，所谓“安史之乱”就是指他俩作乱，最后仍被歼灭。《旧唐书》、《新唐书》有传。捉生：专门突击抓俘虏的下级军官。 ③ 偏将：偏师的将领，也就是分支部队而非主力部队的将领。 ④ 采访河北：临时出任河北采访使，唐派采访使监察州县官员政事，大体每道派一个，后来设节度使之处多由节度使兼任。 ⑤ 谀(xiǎo 小)：小。 ⑥ 顺化：《新唐书·地理志》营州都督府下有为突厥设置的羁縻州叫顺州的，大概就是这顺化州。 ⑦ 押：管辖的意思。渤海：唐代我国东北以靺鞨(mò hé 末合)粟末部为主体，结合其他靺鞨和部分高句骊所建的政权名。黑水：即黑水都督府，辖地相当今黑龙江中下游流域。经略使：唐初在边地重要地区设置，是边防军使长官，后多由节度使兼任。 ⑧ 奏对：臣僚当面回答君主提出的问题。 ⑨ 骠骑大将军：最高级的荣誉性质的武散官。

年代裴宽为范阳节度、河北采访使，仍领平卢军。禄山北还，诏中书门下尚书三省正员长官、御史中丞饯鸿胪亭①。……

禄山阳为愚不敏盖其奸，承间奏曰："臣生蕃戎，宠荣过甚，无异材可用，愿以身为陛下死。"天子以为诚，怜之。令见皇太子，不拜，左右擿语之②，禄山曰："臣不识朝廷仪，皇太子何官也？"帝曰："吾百岁后付以位。"谢曰："臣愚，知陛下不知太子，罪万死。"乃再拜。时杨贵妃有宠，禄山请为妃养儿，帝许之。其拜，必先妃后帝，帝怪之，答曰："蕃人先母后父。"帝大悦，命与杨铦及三夫人约为兄弟③。繇是禄山有乱天下意，令麾下刘骆谷居京师，伺朝廷隙。六载，进御史大夫。……帝为禄山起第京师，以中人督役，戒曰："善为部署，禄山眼孔大④，毋令笑我。"……

时太平久，人忘战。帝春秋高⑤，嬖艳钳固⑥，李林

① 饯（jiàn 荐）：以酒食送行。 ② 擿（tī 踢）：指使，提醒。 ③ 杨铦：杨贵妃的堂兄。三夫人：杨贵妃的三个姊姊，大姊封韩国夫人，三姊封虢国夫人，八姊封秦国夫人。 ④ 眼孔大：指见过大世面。 ⑤ 春秋：年龄。 ⑥ 嬖（bì 闭）艳：嬖是宠爱，宠幸，嬖艳指杨贵妃。钳：钳持，把持。

甫、杨国忠更持权[1]，纲纪大乱[2]。禄山计天下可取，逆谋日炽[3]，每过朝堂龙尾道[4]，南北睥睨[5]，久乃去。更筑垒范阳北，号雄武城，峙兵积谷[6]。养同罗、降奚、契丹曳落河八千人为假子[7]，教家奴善弓矢者数百，畜单于护真大马三万、牛羊五万[8]。引张通儒、李廷坚、平洌、李史鱼、独孤问俗署幕府[9]，以高尚典书记[10]，严庄掌簿最[11]，阿史那承庆、安太清、安守忠、李归仁、孙孝哲、蔡希德、牛廷玠、向润客、高邈、李钦凑、李立节、崔乾祐、尹子奇、何千年、武令珣、能元皓、田承嗣、田乾真皆拔行伍置大

---

① 杨国忠：天宝时为宰相，《旧唐书》、《新唐书》有传。② 纲纪：法度、法纪。 ③ 炽（chì 翅）：盛。 ④ 朝堂：大明宫的含元殿是皇帝上朝的地方，殿前有东西两个朝堂。龙尾道：经朝堂通往含元殿的道路，蜿蜒像神话中龙的尾巴。⑤ 睥睨（pì nì 僻腻）：斜视，有傲慢意。 ⑥ 峙：储备。 ⑦ 同罗：古部落名，铁勒诸部之一，居住在图拉河一带，游牧为生。曳落河：突厥语“健儿”的意思。假子：养子。 ⑧ 单于护真：单于当指单于府，在今内蒙阴山、河套一带，为什么叫护真就不清楚了。 ⑨ 洌：音 liè 列。幕府：古代大将的府署称“幕府”。 ⑩ 高尚：《旧唐书》、《新唐书》有传。典：掌管。书记：唐元帅府及节度使属官有掌书记，主撰文字，省称书记。 ⑪ 最：统计。

将①。潜遣贾胡行诸道，岁输财百万。……帝……赐铁券②，封柳城郡公。又赠延偃范阳大都督，进禄山东平郡王③。九载，兼河北道采访处置使，赐永宁园为邸④。入朝，……诏上谷郡置五炉⑤，许铸钱。又求兼河东，遂拜云中太守、河东节度使。既兼制三道，意益侈。……

十一载，率河东兵讨契丹，告奚曰："彼背盟，我将讨之，尔助我乎？"奚为出徒兵二千乡导⑥。至土护真河⑦，禄山计曰："道虽远，我疾趋贼，乘其不备，破之固矣。"乃敕人持一绳，欲尽缚契丹，昼夜行三百里，次天门岭⑧。会雨甚，弓弛矢脱不可用，禄山督战急，大将何思德曰："士方疲，宜少息，使使者盛陈利以胁贼，贼必降。"禄山怒，欲斩以令军，乃请战。思德貌类禄山，及战，虏丛矛

---

① 孙孝哲：《旧唐书》、《新唐书》有传。田承嗣：《旧唐书》、《新唐书》有传。行（háng）伍：古代军队编制以五人为"伍"，二十五人为"行"，这里的行伍指战士。 ② 铁券：用铁铸成，上有文字，由皇帝颁赐给身份特别高贵的功臣，其后裔如果犯罪，凭此可要求减罪赦免。 ③ 东平郡：郓州在天宝时改为东平郡，治所在今山东东平东。 ④ 永宁园：在长安城的永宁坊内。邸：王侯府第叫邸。 ⑤ 上谷郡：治所在今河北易县。 ⑥ 徒兵：步兵。乡导：即"向导"，带路。 ⑦ 土护真河：即今内蒙古老哈河，唐时奚居住在附近。 ⑧ 天门岭：在今黑龙江省牡丹江市西直到吉林省敦化西，自东北走向西南的山岭。

注矢邀取之，传言禄山获矣。奚闻亦叛，夹攻禄山营，士略尽。禄山中流矢，引奚儿数十①，弃众走山而坠，庆绪、孙孝哲掖出之②，夜走平卢。部将史定方以兵鏖战③，虏解围去。禄山不得志，乃悉兵号二十万讨契丹以报。帝闻，诏朔方节度使阿布思以师会。布思者，九姓首领也④，伟貌多权略，开元初为默啜所困内属⑤，帝宠之。禄山雅忌其才，不相下，欲袭取之，故表请自助。布思惧而叛，转入漠北⑥，禄山不进，辄班师。会布思为回纥所掠，奔葛逻禄，禄山厚募其部落降之。葛逻禄惧，执布思送北庭，献之京师。禄山已得布思众，则兵雄天下，愈偃肆。

皇太子及宰相屡言禄山反，帝不信。是时国忠疑隙已深，建言追还朝，以验厥状。禄山揣得其谋，乃驰入谒。帝意遂安，凡国忠所陈，无入者。十三载，来谒华清宫⑦，

---

① 奚儿：奚小儿，年轻的奚人。 ② 庆绪：安庆绪，安禄山第二子，《旧唐书》、《新唐书》有传。掖（yè 夜）：叉着别人的胳膊。 ③ 鏖（áo 熬）：战斗激烈。 ④ 九姓首领：唐代铁勒族分为回纥、仆固、浑、同罗等九个部族，称为九姓铁勒，简称九姓，这阿布思实际上是同罗的首领。 ⑤ 内属：内附。⑥ 漠北：古代泛称蒙古高原大沙漠以北地区。 ⑦ 华清宫：在今陕西临潼骊山上，本名温泉宫，唐玄宗扩建，每年冬天都临幸，并在这里处理朝政。

对帝泣曰:"臣蕃人,不识文字,陛下擢以不次,国忠必欲杀臣以甘心。"帝慰解之,拜尚书右仆射,赐实封千户,奴婢、第产称是。诏还镇,又请为闲厩、陇右群牧等使①,表吉温自副②。其军中有功位将军者五百人,中郎将二千人。禄山之还,帝御望春亭以饯③,斥御服赐之。禄山大惊,不自安,疾驱去,至淇门④,轻舻循流下⑤,万夫挽紼而助⑥,日三百里。既总闲牧,因择良马内范阳,又夺张文俨马牧,反状明白。人告言者,帝必缚与之。

明年,国忠谋授禄山同中书门下平章事,召还朝。制未下,帝使中官辅璆琳赐大柑,因察非常。禄山厚赂之,还言无它,帝遂不召。未几事泄,帝托它罪杀之,自是始疑。然禄山亦惧朝廷图己,每使者至,称疾不出,严卫然后见。黜陟使裴士淹行部至落阳⑦,再旬不见⑧,既而使武士挟引,无复臣礼。士淹宣诏还,不敢言。帝赐

---

① 闲厩:闲厩使,闲也是马厩,武后圣历时设闲厩使,专管御用马匹。陇右群牧等使:唐在陇右地区设若干监养马,以陇右群牧都使来统率。 ② 吉温:《旧唐书》、《新唐书》有传。 ③ 望春亭:唐长安禁苑亭名,位于今西安市西南龙首原上。 ④ 淇门:淇门镇,在今河南汲县东北淇河、卫河交汇处。 ⑤ 舻(lú 卢):舳(zhú 逐)舻,船。 ⑥ 紼(lǜ 律):拉船的粗绳索。 ⑦ 黜陟使:贞观八年(634 年)置,后不常设,负责巡行诸道,督察官吏,颇有权势。行部:巡视所管辖地区。 ⑧ 再旬:一旬十天,再旬二十天。

庆宗娶宗室女①，手诏禄山观礼，辞疾甚。献马三千匹，驺鞫自倍②，车三百乘，乘三士，因欲袭京师。河南尹达奚珣极言毋内驺兵③，诏可。帝赐书曰："为卿别治一汤，可会十月，朕待卿华清宫。"使至，禄山踞床曰："天子安稳否？"乃送使者别馆④。使还言曰："臣几死！"

冬十一月，反范阳，诡言奉密诏讨杨国忠，腾榜郡县⑤。以高尚、严庄为谋主，孙孝哲、高邈、张通儒、通晤为腹心，兵凡十五万，号二十万，师行日六十里。先三日，合大将置酒，观绘图，起燕至洛⑥，山川险易攻守悉具，人人赐金帛，并授图，约曰："违者斩！"至是，如所素。禄山从牙门部曲百馀骑次城北⑦，祭先冢而行。使贾循主留务，吕知诲守严卢，高秀岩守大同。燕老人叩马谏，禄山使严庄好谓曰⑧："吾忧国之危，非私也。"礼遣之。

---

① 庆宗：安禄山长子安庆宗，当时在长安。 ② 驺鞫（zōu dí 邹敌）：驺本指控马的人，鞫是马缰绳，驺鞫也就是指控马的人。 ③ 河南尹：河南府的长官。 ④ 别馆：客馆，招待客人的住所。 ⑤ 腾：传。榜：公开张贴的文书、告示。 ⑥ 起燕（yān 烟）至洛：春秋战国时燕国建都在蓟即今北京西南，也是唐范阳节度使治所蓟县所在地，所以这里称自范阳至洛阳叫"起燕至洛"。 ⑦ 牙门：大将的军门，因为在军门前立大旗即牙旗，所以叫牙门。部曲：本指大将个人蓄养的私兵，一般都颇有战斗力，这里指亲信将领。 ⑧ 严庄：安禄山手下一重将。

因下令："有沮军者夷三族[①]！"凡七日，反书闻，帝方在华清宫，中外失色。车驾还京师[②]，斩庆宗，赐其妻康死[③]，荣义郡主亦死[④]。下诏切责禄山，许自归。禄山答书慢甚，叵可忍[⑤]。贼遣高邈、臧均以射生骑二十驰入太原[⑥]，劫取尹杨光翙杀之[⑦]，以张献诚守定州[⑧]。

禄山谋逆十馀年，凡降蕃夷皆接以恩，有不服者，假兵胁制之。所得士释缚，给汤沐、衣服，或重译以达[⑨]，故蕃夷情伪悉得之[⑩]。禄山通夷语，躬自尉抚[⑪]，皆释俘囚为战士，故其下乐输死，所战无前。……

时兵暴起，州县发官铠仗[⑫]，皆穿朽钝折不可用，持梃斗[⑬]，弗能亢[⑭]。吏皆弃城匿，或自杀，不则就禽，日不绝。禁卫皆市井徒，既授甲，不能脱弓韣、剑綮[⑮]，乃发左

① 三族：说法不一，一般多指父族、母族、妻族。 ② 车驾：皇帝外出时所乘的车，因而也作为皇帝的代称。 ③ 其妻康：安禄山的原配妻康氏，安庆宗的生母。 ④ 荣义郡主：即前面所说"帝赐庆宗娶宗室女"的宗室女。 ⑤ 叵(pǒ)：不可。 ⑥ 射生骑：射生是射取生物，射生骑是挑选善射者组成的骑兵。 ⑦ 翙：音 huì 秽。 ⑧ 定州：治所在今河北定州。 ⑨ 重译：辗转翻译。 ⑩ 情伪：情是真实情况，情伪就是真伪。 ⑪ 尉："慰"的本字，安慰。 ⑫ 铠仗：铠甲与兵器。 ⑬ 梃(tǐng 挺)：木棒。 ⑭ 亢：通"抗"。 ⑮ 韣(dú 独)：韬，这里指弓衣。綮(biè)：剑带。

藏库缯帛大募兵①。以封常清为范阳、平卢节度使②，郭子仪为朔方节度、关内支度副大使③，右羽林大将军王承业为太原尹，卫尉卿张介然为汴州刺史④，金吾将军程千里为潞州长史⑤，以荣王为元帅⑥，高仙芝副之⑦，驰驿讨贼。

禄山至巨鹿，欲止，惊曰："鹿，吾名。"去之沙河⑧，或言如汉高祖不宿柏人⑨以佞贼。贼投草颓树于河，以长绳维舟集槎以结⑩，冰一昔合⑪，遂济河，陷灵昌郡⑫。

① 左藏库：唐代在太府寺下有左藏署，署里有库，收藏各地运入中央的赋调即绢帛。缯（zēng 增）：古代丝织品的总称。 ② 封常清：《旧唐书》、《新唐书》有传。 ③ 郭子仪：《旧唐书》、《新唐书》有传。支度：唐各道节度使有带支度营田招讨经略使、支度使等职。 ④ 汴州：当时曾改为陈留郡，治所在今河南开封。 ⑤ 潞州：治所在今山西长治。 ⑥ 荣王：玄宗第六子李琬，他几天后即去世，追赠靖恭太子，《旧唐书》、《新唐书》有传。 ⑦ 高仙芝：《旧唐书》、《新唐书》有传。 ⑧ 沙河：县名，在今河北沙河县北。 ⑨ 汉高祖不宿柏人：汉高祖刘邦到柏人县，赵相贯高等谋杀高祖，高祖心动，不留宿，因而不曾被害。柏人在今河北隆尧西。 ⑩ 槎（chá 察）：用竹木编成的筏。 ⑪ 昔：通"夕"。 ⑫ 灵昌郡：滑州天宝时改灵昌郡，治所在今河南滑县西南。

又三日，下陈留、荥阳①。次罂子谷②，将军荔非守瑜邀之，杀数百人，流矢及禄山舆，乃不敢前，更出谷南，守瑜矢尽死于河。败封常清，取东都，常清奔陕③。杀留守李憕、御史中丞卢弈④，河南尹达奚珣臣于贼。时高仙芝屯陕，闻常清败，弃甲保潼关⑤，太守窦廷芝奔河东。常山太守颜杲卿杀贼将李钦凑⑥，禽高邈、何千年。于是赵郡、巨鹿、广平、清河、河间、景城六郡皆为国守⑦，禄山所

① 陈留：汴州天宝时改陈留郡，治所在今河南开封。荥(xíng 形)阳：郑州天宝时改荥阳郡，治所在今河南郑州。 ② 罂(yīng 婴)子谷：在今河南荥阳南。 ③ 陕：陕州，天宝时改为陕郡，治所在今河南三门峡市西。 ④ 留守：唐在东都洛阳设东都留守，实际上只是当地最高的地方官。李憕(chéng 成)：《旧唐书》、《新唐书》有传。卢弈：《旧唐书》、《新唐书》有传。 ⑤ 潼关：以潼水而名，西薄华山，南临商岭，北距黄河，东接桃林，为今陕西、山西、河南三省要冲，历代皆为军事要地。 ⑥ 常山：恒州天宝时改常山郡，治所在今河北正定。颜杲(gǎo 搞)卿：《旧唐书》、《新唐书》有传。 ⑦ 广平：洺州天宝时改广平州，治所在今河北永年东。清河：贝州天宝时改清河郡，治所在今清河西。河间：瀛州天宝时改河间郡，治所在今河北河间。景城：沧州天宝时改景城郡，治所在今河北沧州东南。

有才卢龙、密云、渔阳、汲、邺、陈留、荥阳、陕郡、临汝而已①。

贼之据东京，见宫阙尊雄，锐情僭号②，故兵久不西，而诸道兵得稍集。尹子奇屯陈留，欲东略。会济南太守李随、单父尉贾贲、濮阳人尚衡、东平太守嗣吴王祗、真源令张巡相继起兵③，旬日众数万。子奇至襄邑而还④。

明年正月，僭称雄武皇帝，国号燕，建元圣武。子庆绪王晋，庆和王郑⑤，达奚珣为左相，张通儒为右相，严庄

---

① 卢龙：平州天宝时改北平郡，治所卢龙即今河北卢龙。密云：檀州天宝时改密云郡，治所密云在今河北密云。渔阳：蓟州天宝时改渔阳郡，治所渔阳在今天津蓟县。汲：卫州天宝时改汲郡，治所汲县在今河南汲县。邺：相州天宝时改邺郡，治所安阳在今河南安阳。临汝：汝州天宝时改临汝郡，治所梁县在今河南临汝。 ② 锐情：急于，一心要。僭（jiàn 荐）号：旧时不该称皇帝的人自称皇帝叫僭号。 ③ 济南：齐州天宝时改济南郡，治所在今山东济南。单父（shàn fǔ 扇府）：县名，今山东单县。濮阳：濮州天宝时改濮阳郡，治所在今河南鄄城北，郡内又有濮阳县，在今河南濮阳南。东平：郓州天宝时改东北郡，治所在今山东东平西北。嗣吴王祗：唐太宗子吴王恪之孙，封嗣吴王，《旧唐书》、《新唐书》有传。真源：县名，今河南鹿邑。张巡：抵抗安禄山叛军而牺牲的名将。《旧唐书》、《新唐书》有传。 ④ 襄邑：县名，今河南睢县。 ⑤ 郑：即郑州，治所在今河南郑州。

为御史大夫，署拜百官。复取常山，杀颜杲卿。安思义屯真定①，会李光弼出土门救常山②，思义降，博陵亦拔③，唯槀城、九门二县为贼守④。史思明、李立节、蔡希德围饶阳⑤，不克，引军攻石邑⑥，张奉璋固守。朔方节度使郭子仪自云中引兵与光弼合，败思明于九门。李立节死，希德奔巨鹿，思明奔赵郡，自鼓城袭博陵⑦，复据之。光弼拔赵郡，还围博陵，军恒阳⑧。希德请济师于贼，贼以二万骑涉滹沱入博陵⑨，牛廷玠发妫、檀等兵万人来助⑩，思明益强。与光弼战，败于嘉山⑪。光弼收郡十三，河南诸郡皆严兵守，潼关不开。

禄山惧，欲还范阳，召严庄、高尚责曰："我起，而曹谓万全。今四方兵日盛，自关以西，不跬步进⑫，尔谋何在，尚见我为？"遣尚等出。凡数日，田乾真自潼关来，劝

① 真定：县名，今河北正定。 ② 土门：也就是井陉口，在今河北井陉东，是太行山区进入华北平原的一个隘口。 ③ 博陵：定州天宝时改博陵郡，治所在今河北定州。 ④ 槀城：县名，今河北槀城。九门：县名，在今河北正定西。 ⑤ 饶阳：县名，在今河北饶阳东北。 ⑥ 石邑：县名，在今河北石家庄西南。 ⑦ 鼓城：县名，今河北晋县。 ⑧ 恒阳：县名，今河北曲阳。 ⑨ 滹（hū 呼）沱：滹沱河，在今河北省西部。 ⑩ 妫：妫州，天宝时改妫川郡，治所在今河北怀来东。檀：檀州，天宝时改密云郡。 ⑪ 嘉山：山名，在恒阳。 ⑫ 跬（kuǐ）：半步叫跬。

禄山曰："自古兴王，战皆有胜负，乃成大业，无一举而得者。今四方兵虽多，非我敌也。有如事不成，吾拥数万众，尚可横行天下，为十年计。且高尚、严庄，佐命元勋也，陛下何遽绝之，使自为患邪？"禄山喜，道其小字曰："阿浩，非汝孰悟我！然则奈何？"乾真曰："召而尉安之。"乃内尚等，与饮宴，禄山自歌，君臣如初。即遣孙孝哲、安神威西攻长安。会高仙芝等死，哥舒翰守潼关，为乾祐所败，囚之。贼不谓天子能遽去，驻兵潼关，十日乃西，时行在已至扶风①。于是汧陇以东②，皆没于贼。禄山以张通儒守东京，乾真为京兆尹，使安守忠屯苑中③。

禄山未至长安，士人皆逃入山谷，东西骆驿二百里④，宫嫔散匿行哭。将相第家委宝货不赀⑤，群不逞争取之⑥，累日不能尽。又剽左藏大盈库、百司帑藏竭⑦，乃火其馀。禄山至，怒，乃大索三日，民间财赀尽掠之。府县因株根牵连，句剥苛急，百姓愈骚。禄山怨庆宗死，乃取帝近属自霍国长公主、诸王妃妾、子孙姻婿等百馀

---

① 扶风：县名，在今陕西扶风。 ② 汧（qiān 牵）陇：陇州天宝时改汧阳郡，治所在今陕西陇县。 ③ 苑：长安城北的禁苑，即皇帝的御苑。 ④ 骆驿：同"络绎"。 ⑤ 赀（zī 资）：此作"计量"。 ⑥ 不逞：不得志、不安分的人。 ⑦ 剽（piāo 飘）：抢劫。大盈库：左藏署所管库的名称。百司：京城里各个政府部门，百是形容其多。帑（tǎng 倘）：国家库藏的金帛。

人害之[①]，以祭庆宗。群臣从天子者，诛灭其宗。虏性得所欲则肆为残虐，人益不附。诸大将欲有咨决，皆因严庄以见。御下少恩，虽腹心雅故，皆为仇敌。郡县相与杀守将，迎王师，前后反覆十数，城邑墟矣。

肃宗治兵灵武[②]，天下日跂首待[③]。长安相传太子西来矣，人闻辄东走，阛里至空[④]，都畿豪杰杀贼吏自归者无虚日[⑤]，贼斩刈惩之不能止[⑥]。又贼将类慓勇无远谋[⑦]，日纵酒，嗜声色财利。车驾危得入蜀，终无进蹑之患[⑧]。

帐下李猪儿者，本降竖[⑨]，幼事禄山谨甚，使为阉人[⑩]，愈亲信。禄山腹大垂膝，每易衣，左右共举之，猪儿为结带，虽华清赐浴，亦许自随。及老，愈肥，曲隐常疮[⑪]。既叛，不能无恚惧。至是目复盲，俄又得疽疾[⑫]，尤卞躁[⑬]。左右给侍，无罪辄死，或棰掠何辱[⑭]，猪儿尤

---

① 霍国长公主：睿宗第十一女，嫁裴虚己，论行辈是玄宗的妹，所以称长公主。 ② 灵武：朔方节度使的治所，肃宗依靠朔方节度使的兵马来平安叛乱。 ③ 跂：通“企”，踮起脚尖。 ④ 阛：(huán 环)：街市。 ⑤ 都畿：指京师周围地区。 ⑥ 刈(yì 易)：杀。 ⑦ 慓(piào 票)悍：矫捷勇猛。 ⑧ 蹑(niè 聂)：追踪。 ⑨ 竖：童仆。 ⑩ 阉(yān)人：被阉割过的人，即宦官。 ⑪ 曲隐：体肥胖后肌肉折迭之处。 ⑫ 疽(jū 居)：痈疽。 ⑬ 卞躁：急躁。卞，性急。 ⑭ 棰(chuí 垂)：用鞭子、棍杖打。掠：拷打。何：通“呵”，呵斥。

数，虽严庄亲倚，时时遭笞靳①，故二人深怨禄山。初，庆绪善骑射，未冠为鸿胪卿。贼僭号，嬖段夫人，爱其子庆恩，欲立之。庆绪惧不立，庄亦疑难作不利己，私语庆绪曰："君闻大义灭亲乎？自古固有不得已而为者。"庆绪阴晓，曰："唯唯。"又语猪儿曰："汝事上罪可数乎？不行大事，死无日！"遂与定谋。至德二载正月朔，禄山朝群臣，创甚罢。是夜庄、庆绪持兵扈门②，猪儿入帐下，以大刀斫其腹。禄山盲，扪佩刀不得③，振幄柱呼曰④："是家贼！"俄而肠溃于床，即死，年五十馀，包以毡罽⑤，埋床下。因传疾甚，伪诏立庆绪为皇太子，又矫称禄山传位庆绪，乃伪尊太上皇。……

禄山父子僭位凡三年而灭。

【翻译】

安禄山，是营州柳城胡人，本来姓康。母亲叫阿史德，是个女巫，生活在突厥人中，在轧荦山祈祷生个儿子，这轧荦山就是突厥人所说的战斗神，接着就怀孕。到出生时，有光照着穹庐，野兽都惊叫。望气的说这里

---

① 笞（chī 痴）：用鞭子、棍杖打。靳（jìn 进）：奚落。② 扈（hù 户）门：扈本是侍从的意思，这里的扈门是把住门的意思。③ 扪（mén 门）：摸。④ 幄柱：帐柱子。⑤ 毡罽（jì）：罽是一种毛织品，毡罽即毡毯。

有征兆，范阳节度使张仁愿派人搜查各个庐帐，想把刚出生的小孩统统杀掉，他母亲把他藏起来才得免。他母亲因他是神所赐予的，就给他取名轧荦山。他从小就死掉父亲，跟着母亲嫁给虏将安延偃。开元初年安延偃带着他们归顺唐朝，与将军安道买逃出的儿子一起前来，因而能够住到安家。安道买的另一个儿子安节对安延偃很感谢，叫两家的孩子立约成为兄弟，从此这轧荦山就冒姓安，改名禄山。到长大后，忌刻残忍而多有智谋，善于猜测别人的心意，通晓多种蕃语，做互市郎。

张守珪任幽州节度使，安禄山因偷羊被抓获，守珪要杀他，他大叫道："公不想灭掉两蕃啊？为何要杀掉我？"张守珪认为这话说得有胆识，又看他长得魁伟白皙，放了他。安禄山和史思明一起当过捉生，熟悉山川水泉，曾以五骑擒获契丹几十个人。张守珪很惊异，稍微多给他一些兵马，每有征讨必然成功，提拔为偏将。张守珪觉得他肥胖得难看，他就不敢吃饱。被张守珪收养为假子，后来以平卢兵马使升擢为特进、幽州节度副使。

这时御史中丞张利贞到河北道采访，安禄山千方百计小心献媚，多出金钱结交张利贞的左右，使他们对自己感恩。张利贞回朝，大讲安禄山有本领，于是安禄山被授为营州都督、平卢军使、顺化州刺史。朝廷使者往来，安禄山暗中针对他们的爱好行贿，他们都同声赞誉安禄山，玄宗从此认为他有才。天宝元年(742年)，在平卢设节度，叫安禄山任节度使，兼柳城太守，押两蕃、渤海、黑水四府经略使。明年入朝，上奏对答合了玄宗的心意，提升为骠骑大将军。又明年，代替裴宽做范阳节度使、河北采访使，仍然领平卢节度使。安禄山北归时，下诏让中书、门下、尚书三省的正职长官和御史中丞到鸿胪亭去饯行。……

安禄山表面上装得愚蠢不灵敏，来掩盖其内心的奸诈，得机会禀奏道："臣出生于蕃戎，得到的宠信和荣誉太多了，没有什么特别的本领可效用，愿用自己的身体为陛下去死。"玄宗认为忠诚，爱怜他。让他去见皇太子，他不拜，左右的人提醒他，安禄山说："臣不懂朝廷的礼仪，皇太子是什么官啊？"玄宗说："我百年之后要把皇位交付给他。"安禄山谢罪道："臣愚蠢，只知道陛下不知道太子，罪该万死。"就再拜。当时杨贵妃得宠，禄山请求做贵妃的养子，玄宗同意了。拜见时，一定先拜贵妃后拜皇帝，玄宗感觉奇怪，安禄山回答说："蕃人先母后父。"玄宗非常高兴，让他和杨铦及杨氏三位夫人相约为兄弟姊妹。从这时起安禄山已经有了反叛的念头，让部下刘骆谷住在京城，窥探朝廷的间隙。天宝六载(747年)，安禄山升擢为御史大夫。……玄宗为安禄山在京师盖第宅，派宦官监督，告诫说："好好地部署，禄山眼孔大，不要让他笑话我。"……

当时太平日久，人们忘记了战争。玄宗年岁已高，内有所宠爱的贵妃把持着，李林甫、杨国忠更加专权，国家法纪大乱。禄山认为天下可以夺取，逆谋一天天炽烈，每当经过朝堂龙尾道，傲慢地往南北看着，好长时间才离开。在范阳北边修筑营垒，称为雄武城，蓄养士兵积贮粮食。收养同罗、招降奚、契丹曳落河八千人为假子，教家奴擅长弓箭的有几百人，畜养单于护真大马三万匹，牛羊五万头。招引张通儒、李廷坚、平洌、李史鱼、独孤问俗在幕府里任职，叫高尚掌管书记，严庄管文簿统计，阿史那承庆、安太清、安守忠、李归仁、孙孝哲、蔡希德、牛廷玠、向润客、高邈、李钦凑、李立节、崔乾祐、尹子奇、何千年、武令珣、能元皓、田承嗣、田乾真都拔自行伍，而任为大将。秘密派遣商胡到各道活动，每年上缴的钱财上百万。……皇帝……赐给安禄山铁券，并封为柳城郡公。又追赠安延偃为范阳大都督，进安禄山为东平郡王。天宝九载（750 年），安禄山兼任河北道采访处置使，赐永宁园为府第。入朝，……下诏在上谷郡设置五个炉，准许安禄山自己铸钱。安禄山又请求兼领河东，就被拜为云中太守、河东节度使。安禄山既已兼领了三道，更加肆意忘形。……

天宝十一载(752年),安禄山率领河东兵讨伐契丹,通知奚说:“契丹背弃盟约,我将要讨伐他们,你们帮助我吗?”奚为安禄山出二千步兵做向导。走到土护真河,禄山计划道:“道路虽然远,我们向敌军急行,乘他们没有准备,击破他们是肯定的。”于是命令每人带上一条绳子,要把契丹人全部捆起来,一天一夜走三百里,停在天门岭。正赶上雨下得很大,弓松弛、箭头脱落不能使用,安禄山督战很急,大将何思德说:“士兵正疲乏,应该稍微休息一下,派使者讲清利害威胁敌人,敌人一定投降。”安禄山大怒,想杀掉何思德来号令全军,何思德只好请战。何思德的面貌像安禄山,到战斗时,敌人的矛和箭都对准了他,传播着安禄山被抓获的消息。奚听说后也叛变了,夹攻安禄山的军营,安禄山的战士差不多打光了。禄山自己也中了箭,带领几十个奚小儿,丢开兵众走上山,跌了下去,安庆绪、孙孝哲搀着禄山的胳膊将他拉起来,连夜逃到平卢城。部将史定方带兵激战,敌军才解围离去。安禄山这次不得志,就招集全部兵力号称二十万,讨伐契丹进行报复。玄宗知道后,下诏叫朔方节度使阿布思出兵会合。阿布思,是九姓的首领,长得魁梧且多谋略,开元初年被默啜所困归顺朝廷,受到玄宗宠爱。而安禄山一向嫉妒他的才干,和他互不相下,想袭取他,所以上表要求他来相助。阿布思害怕而叛逃，转入漠北，禄山不前进，班师回去。不久阿布思被回纥抢掠，逃奔葛逻禄，安禄山用优厚的条件召募阿布思部落降附。葛逻禄害怕，把阿布思抓起来送到北庭，献到京师。安禄山既已得到了阿布思的部众，就兵雄天下，更加傲慢放肆。

皇太子和宰相多次说安禄山要反叛，玄宗不相信。这时杨国忠对安禄山的疑虑嫌隙已经很深，建议玄宗把他召回朝，看他将怎样。安禄山猜出来是杨国忠的计谋，就快马入朝谒见。玄宗安下心来，凡是杨国忠所陈说的，都听不进去。天宝十三载(754 年)，安禄山来华清宫谒见，向玄宗哭着说："臣是蕃人，不认识文字，陛下破格用臣，而国忠一定要杀臣才甘心。"玄宗对他安慰譬解，拜授他为尚书右仆射，赐实封一千户，还赐与和他相称的奴婢以及第宅产业。下诏让他回去。他又请求做闲厩、陇右群牧等使，并表请吉温做自己的副手。他的军中立功做到将军的有五百人，做到中郎将的有二千人。安禄山回去时，玄宗到望春亭饯行，脱下自己的御服赐给他。安禄山大为吃惊，不能自安，急忙赶马离去，到了淇门，乘轻舟顺流而下，众多纤夫拉着纤绳相助，一天走三百里。他既已总领闲牧，就挑选好马送进范阳，又夺掉张文俨的马牧，反叛的行为已很明白。可有人报告，玄宗一定把报告的人捆起来送给安禄山。

明年(755 年),杨国忠打算授与安禄山同中书门下平章事,召他回朝。诏制还未下达,玄宗叫宦官辅璆琳赐给大柑,借此来观察安禄山有没有异常情况。安禄山重重地贿赂他,他回去后说没什么,玄宗因而没有召回安禄山。不久事情败露,皇帝找别的罪名将辅璆琳杀掉,从此开始怀疑安禄山。但安禄山也害怕朝廷图谋自己,每次使者来,都推说有病不出来,严加防卫后才见面。黜陟使裴士淹巡视到范阳,有二旬不见面,之后让武士挟着引见,不再有人臣之礼。裴士淹宣达诏书回来,不敢讲这些情况。玄宗赐安庆宗娶宗室的女儿,亲自写诏书叫安禄山前来观礼,安禄山借口病重推辞掉。安禄山献马三千匹,控马的人加倍,车三百乘,一乘车配上三个士兵,想借此偷袭京师。河南尹达奚珣极言不能让控马的兵众进来,玄宗下诏同意达奚珣说的。玄宗赐书给安禄山说:“为卿另外修了一个汤泉,可在十月来相会,朕在华清宫等卿。”使者到达,安禄山踞坐在床上说:“天子平安吗?”就送使者在别馆住下。使者回来说:“臣几乎死去!”

这年冬天十一月里,安禄山在范阳造反,欺骗说是奉皇帝密诏讨伐杨国忠,在各郡县公开张贴告示。任高尚、严庄做谋主,孙孝哲、高邈、张通儒、张通晤为心腹,兵马总计十五万,号称二十万,每天行军六十里。早前三天，安禄山召集大将喝酒，观看地图，从燕到洛阳，山川平易险要及如何攻打防守，都很清楚，人人赐给金帛，并授与地图，规定："违背的就斩！"到这时，就按照所规定的办。安禄山带着牙门部曲百馀骑到城北，祭祀了祖先的坟墓然后出发。叫贾循主管留守事务，吕知诲守平卢，高秀岩守大同。燕地的老人拉住马劝谏，安禄山叫严庄抚慰道："我们是为国家危难担忧，并没私意啊！"很礼貌地把他打发走。于是下令："有阻止军队前进的灭三族！"经过七天后，反书才到达长安，当时玄宗正在华清宫，内外都大惊失色。车驾回到京师，把安庆宗处斩，安禄山妻康氏赐死，安庆宗妻荣义郡主也处死。下诏书严厉责备安禄山，准许他自动归降。安禄山的回书非常傲慢，使人不能忍受。叛军派遣高邈、臧均带了二十骑射生冲进太原，劫取太原尹杨光翙把他杀掉，叫张献诚守定州。

禄山谋逆十多年，凡是投降的蕃夷都以恩礼相接待，有不服的，就用兵力来威胁。所俘获的士兵给解掉束缚，给洗澡换衣服，有的辗转翻译才讲通话，所以蕃夷的真伪都能了解到。安禄山懂得夷语，亲自安抚，将俘囚全部释放充当战士，所以他的部下乐于拼死，打起仗来所向无前。

这时战事突然发生，州县里发放官方的铠甲、兵器，都破烂朽败钝缺折断不能使用，拿着棍棒战斗，抵敌不住。官吏都丢弃城池躲藏起来，有的自杀，不然就被擒，这样的事每天不断发生。宫廷禁卫都是市井之徒，给他兵甲，也不会脱掉弓衣、解开剑带，于是把左藏库里绢帛拿出来大量招募士兵。派封常清任范阳、平卢节度使，郭子仪任朔方节度使、关内支度副使，右羽林军大将王承业任太原尹，卫尉卿张介然任汴州刺史，金吾将军程千里任潞州长史，派荣王任元帅，高仙芝任副帅，驰驿前往讨贼。

安禄山进军到巨鹿，准备停驻，吃惊道："鹿，是我的名字。"于是离开前往沙河，有的人说正像汉高祖当年不在柏人住宿来讨好安禄山。叛军往河里投草倒树，用长绳将船和木筏连结到一起，一个晚上冻冰，就此渡过黄河，攻陷灵昌郡。又过了三天，打下陈留、荥阳二郡。进驻罂子谷，将军荔非守瑜邀击叛军，杀死几百人，流矢射中了安禄山所乘的车子，才不敢前进，取道谷南前进。荔非守瑜箭射完后，死在河里。叛军打败封常清，占领东都洛阳，常清逃往陕郡。叛军杀了东都留守李憕、御史中丞卢弈。河南尹达奚珣臣服于叛军。这时高仙芝屯驻在陕郡，听说封常清败退，弃甲退守潼关，陕郡太守窦廷芝逃往河东。常山太守颜杲卿杀死贼将李钦凑，生擒高邈、何千年。于是赵郡、巨鹿、广平、清河、河间、景城六郡都为国家固守，安禄山所占据的只有卢龙、密云、渔阳、汲、邺、陈留、荥阳、陕郡、临汝而已。

安禄山占领东京以后，看到宫阙尊严雄伟，急于僭号称帝，所以军队很长时间不西进，而各道的官兵得以稍稍集中。贼将尹子奇驻屯陈留，想往东侵略。逢上济南太守李随、单父县尉贾贲、濮阳人尚衡、东平太守嗣吴祇、真源令张巡相继起兵，十多天兵众有几万人。尹子奇到襄邑就回军。

次年正月，安禄山僭称雄武皇帝，国号燕，建元圣武。儿子安庆绪为晋王，安庆和为郑王，达奚珣任左相，张通儒任右相，严庄任御史大夫，任命了百官。又攻取常山，杀害颜杲卿。安思义屯驻真定，正逢上李光弼出土门救常山，安思义投降，博陵也收复，只有稾城、九门二县为叛军据守。史思明、李立节、蔡希德围攻饶阳，没攻下，率军攻石邑，张奉璋坚守石邑。朔方节度使郭子仪从云中领兵和李光弼会合，在九门打败史思明，李立节被打死，蔡希德逃奔巨鹿，史思明逃奔赵郡，又从鼓城进袭博陵，占据下来。李光弼拿下赵郡，回来包围博陵，屯军恒阳。蔡希德请求叛军增援，叛军派二万骑兵涉水过滹沱河进入博陵，牛廷玠调动妫、檀等地上万兵马相助，史思明更加强大。但和李光弼打，在嘉山被打败，李光弼收复了十三个郡，河南各郡都有兵严密把守，潼关关门不开。

安禄山害怕，想回范阳，召严庄、高尚来责怪道：“我起兵时，他们说万无一失。如今四方官军日益强大，自潼关往西，半步也进不去，你们的谋略哪里去了，还来见我干什么？我做些什么呢？”叫高尚等出去。几天以后，田乾真从潼关回来，劝安禄山说：“自古王者兴起，打仗都有胜有负，这样才能成其大业，没有一下子就取得的。现在四方兵虽然多，但不是我们的对手。假若大事不成，我们拥有几万人，还可以横行天下，作十年的打算。况且高尚、严庄都是佐命元勋，陛下为什么急忙抛弃他们，使自己内部生忧患呢？”禄山高兴了，呼他的小名说：“阿浩，不是你谁能醒悟我！现在该怎么办呢？”田乾真说：“召他们来安慰他们。”于是召高尚等人进来，和他们喝酒宴会，禄山亲自唱歌，君臣和好如同当初。就派遣孙孝哲、安神威向西进攻长安，逢上高仙芝等已死，哥舒翰守潼关，被崔乾祐打败，哥舒翰也被囚起来。叛军不认为天子会马上离去，便驻兵潼关，十天后才向西进。这时玄宗已到了扶风。于是汧陇以东的地方，都落入叛军之手。安禄山派张通儒守东京，田乾真为京兆尹，派安守忠驻扎在禁苑里。

安禄山还没有到长安，士人都逃进山谷，东西二百里络绎不绝，宫嫔们逃藏哭泣。将相家留下的财宝无法计算，不安分的人抢着拿，几天都拿不完。又抢光了左藏大盈库和百司的库藏，剩下的就放火烧掉。安禄山来到，发怒，大肆搜索了三天，民间的财物全部被抢掠。府县就此根牵株连，敲剥苛急，百姓越发骚动不安。安禄山怨恨安庆宗被杀，就将皇帝近亲从霍国长公主、诸王妃妾、子孙姻婿等一百多人杀害，用来祭安庆宗。群臣跟随天子出走的，杀他们的宗族。虏性满足欲望就肆意残虐，人们越发不依附。大将们有什么请示，都通过严庄求见。安禄山对下边很少恩惠，尽管是心腹旧友，也都成为仇敌。郡县都杀了守将，迎接王师，前后反复十多次，城邑变成了废墟。

肃宗在灵武整军，天下人天天翘首等待，长安城里互相传说太子从西边到来了，人们听说后就向东走，街市坊里人都走空了，京畿的豪杰杀死叛军官吏投归朝廷的事每天都发生，叛贼斩杀惩办不能制止，加之贼将多数悍勇而无远谋，天天放开喝酒，喜欢声色财利。玄宗车驾在危急中能够入蜀，始终没有被追蹑。

帐下个叫李猪儿的，本是名降竖，从小伺候安禄山很恭谨，让他成为了阉人，就更加被亲信。安禄山肚子大得垂到膝盖上，每次换衣服，要左右有人把肚子抬起来，李猪儿给他系带子，即使在华清池赐浴，也准许李猪儿跟随着。到老了，更加肥胖，褶皱里面的肉经常生疮。

造反以后，不能没有怨恨畏惧。这时眼睛也瞎了，不久又长了痈疽，性情更加急躁。左右伺候的人，往往无罪就被处死，有时责打呵辱，李猪儿吃的苦头尤其多，严庄尽管被亲信倚重，也常常遭到鞭打奚落，所以这二人深怨安禄山。当初，安庆绪擅长骑射，没成年就被任为鸿胪卿。安禄山僭号后，宠段夫人，爱段夫人的儿子安庆恩，想立他。安庆绪害怕不立自己，严庄也忧虑安庆恩发难时对自己不利，私下对安庆绪说："您听说过大义灭亲吗？自古以来就有不得已而为的。"庆绪心里明白，说："是是。"又对李猪儿说："你侍奉皇上罪过能数得清吗？不行大事，死已没有几天了！"于是互相定谋。至德二载（757 年）正月初一日，禄山朝见众臣，因痈疽痛得厉害罢朝。当天夜里，严庄、安庆绪手持兵器把门，李猪儿进入帐下，用大刀砍安禄山的肚子。安禄山眼睛看不见，用手摸佩刀没有摸到，摇着帐柱子叫道："是家贼！"不一会肠子流到床下，就死了，年五十多。用毡罽包起来尸体，埋在床下。就传言安禄山病重，下伪诏立安庆绪为皇太子，又矫称安禄山传位给安庆绪，伪尊安禄山为太上皇。……

安禄山父子僭位凡三年而灭亡。

裴度传

安史之乱以后，中央在内地也遍设节度使，这些节度使一般都由中央任命，等于在州、县之上增加了高一级的地方行政区划，但有的节度使不听中央命令，闹独立性，要世袭，这就有劳中央来征讨。宪宗是一位在征讨节度使上取得成功的皇帝，他任用的裴度也是一位力主征讨节度使并取得成功的大臣。在这篇裴度的传记里，主要选译了他征讨节度使的业绩，其他牵涉到当时朝廷内部的派系斗争处则多事删略，不再译出。（选自卷一七三）

裴度，字中立，河东闻喜人①。贞元初擢进士第，以宏辞补校书郎②。举贤良方正异等③，调河阴尉④。迁监察御史，论权嬖梗切，出为河南功曹参军⑤。武元衡帅西川⑥，表掌节度府书记。召为起居舍人。

元和六年，以司封员外郎知制诰⑦。田弘正效魏、博六州于朝⑧，宪宗遣度宣谕。弘正知度为帝高选，故郊迎趋跽受命⑨，且请遍至属州，布扬天子德泽，魏人由是欢服。还，拜中书舍人。久之，进御史中丞。宣徽五坊小

① 闻喜：县名，在今山西闻喜县东北东镇。 ② 宏辞：博学宏辞科，唐代科举的一种名目。校书郎：唐代中书省所属秘书省有校书郎，门下省所属弘文馆有校书郎，东宫所属崇文馆也有校书郎，都是掌校勘书籍的小官，裴度所任不知是哪个部门的。 ③ 贤良方正：唐代临时设置的科举名目，由皇帝主持，即所谓“制举”。 ④ 河阴：县名，治所在今河南郑州西北。 ⑤ 功曹参军：唐时在府叫功曹参军，在州叫司功参军，掌管考察记录功劳。 ⑥ 武元衡：《旧唐书》、《新唐书》有传。西川：剑南西川节度使管区，治所在今四川成都。 ⑦ 司封员外郎：吏部下属司封司的副长官。知制诰：唐代代皇帝起草诏令的重要官职。 ⑧ 田弘正：魏博节度使，《旧唐书》、《新唐书》有传。魏博六州：魏博节度使所管魏、贝、博、相、澶、卫六州。 ⑨ 趋：奔走。跽（jì 忌）：长跪，双膝着地，上身挺直。

使方秋阅鹰狗①、所过桡官司②，厚得饷谢乃去。下邽令裴寰③，才吏也，不为礼，因构寰出丑言，送诏狱，当大不恭。宰相武元衡婉辞诤，帝怒未置，度见延英④，言寰无辜，帝恚曰："寰诚无罪，杖小使；小使无罪，且杖寰。"度曰："责若此固宜，第寰为令，惜陛下百姓，安可罪？"帝色霁⑤，乃释寰。

王师讨蔡⑥，以度视行营诸军，还，奏攻取策，与帝意合。且问诸将才否，度对："李光颜义而勇，当有成功。"不三日，光颜破时曲兵⑦，帝叹度知言，进兼刑部侍郎。

王承宗、李师道谋缓蔡兵⑧，乃伏盗京师，刺用事大臣。已害宰相元衡，又击度，刃三进断靴，刜背裂中单⑨，

---

① 宣徽：唐设宣徽南北院使，总领宫内诸司等事，由宦官担任。五坊：唐代皇帝饲养猎鹰、猎犬的官署，分雕、鹘、鹞、鹰、狗五坊。 ② 桡：扰乱。 ③ 下邽：县名，在今陕西谓南北下邽镇。 ④ 延英：大明宫的延英殿，唐代皇帝常开延英殿以接见臣下。 ⑤ 霁（jì 寂）：本指云开雨散，引申为脸色转和。 ⑥ 蔡：指淮西节度使，因为治所在蔡州，即今河南汝南，所以称之为蔡，当时淮西节度使吴少阳死，子吴元济自领军务，所以中央要出兵征讨。 ⑦ 时曲：即今河南漯河市沙河与澧河合流处下游一带。 ⑧ 王承宗、李师道：王承宗是成德军节度使，治所恒州在今河北正定，李师道是淄青节度使，治所青州即今山东青州，《旧唐书》、《新唐书》均有传。 ⑨ 刜（fú 扶）：砍。中单：内衣，贴身的衣。

又伤首，度冒毡，得不死。哄导骇伏①，独驺王义持贼大呼，贼断义手，度坠沟，贼意已死，因亡去。议者欲罢度，安二镇反侧，帝怒曰："度得全，天也。若罢之，是贼计适行。吾倚度，足破三贼矣！"度亦以权纪未张，王室陵迟②，常愤愧无死所。自行营归，知贼曲折③，帝益信仗。及病创一再旬，分卫兵护第，存候踵路④。疾愈，诏毋须宣政衙⑤，即对延英，拜中书侍郎同中书门下平章事。时方连诸道兵，环挐不解⑥，内外大恐，人累息⑦。及度当国，外内始安，由是讨贼益急。……

于是讨蔡数不利，群臣争请罢兵，钱徽、萧俛尤确苦。度奏："病在腹心，不时去，且为大患，不然，两河亦将视此为逆顺⑧。"会唐邓节度使高霞寓战却⑨，它相揣帝厌兵，欲赦贼，钩上指⑩。帝曰："一胜一负，兵家常势。若兵常利，则古何惮用兵耶？虽累圣亦不应留贼付朕⑪。

① 哄导：大臣出行时前后簇拥的吏卒。 ② 陵迟：衰颓。 ③ 曲折：委曲，事情的曲折经过。 ④ 存候：问候。 ⑤ 宣政：大明宫宣政殿，皇帝平时在这里朝见群臣。衙：唐皇宫前殿叫衙。 ⑥ 挐（rú 如）：纷乱。 ⑦ 累息：因恐惧而呼吸急促。 ⑧ 两河：唐安史之乱后，合称河北道、河南道为两河。 ⑨ 唐邓节度使：唐、随、邓三州节度使，治所唐州，即今河南唐河县。高霞寓：《旧唐书》、《新唐书》有传。 ⑩ 钩：钩取，探取。 ⑪ 累圣：几朝圣人，指宪宗以前的肃宗、代宗、德宗、顺宗等几个皇帝。

今但论帅臣勇怯、兵强弱、处置何如耳，渠一败便沮成计乎？”于是左右不能容其间。十二年，宰相逢吉、涯建言[1]：“饷亿烦匮[2]，宜休师。”唯度请身督战。帝独目度留，曰：“果为朕行乎？”度俯伏流涕曰：“臣誓不与贼皆存。”即拜门下侍郎平章事、彰义军节度、淮西宣慰招讨处置使[3]。

度以韩弘领都统[4]，乃上还“招讨”以避弘，然实行都统事。又制诏有异辞欲激贼怒弘者，意弘怏怏则度无与共功，度请易其辞，窒疑间之嫌[5]。于是表马揔为宣慰副使[6]，韩愈行军司马[7]，李正封、冯宿、李宗闵备两使幕府[8]。入对延英曰：“主忧臣辱，义在必死，贼未授首，臣无还期。”帝壮之，为流涕。及行，御通化门临遣[9]，赐通

---

① 逢吉、涯：李逢吉、王涯，《旧唐书》、《新唐书》均有传。② 亿：这里用来极言数目之大。③ 彰义军节度：贞元十四年（789 年）申光蔡节度即淮西节度赐号彰义军节度。④ 韩弘：《旧唐书》、《新唐书》有传。都统：唐中后期设行营都统，为各道出征兵的统帅，掌征伐，兵罢则省。⑤ 窒（zhì 至）：遏止。⑥ 马揔：《旧唐书》、《新唐书》有传。⑦ 韩愈：《旧唐书》、《新唐书》有传。⑧ 冯宿、李宗闵：《旧唐书》、《新唐书》均有传。⑨ 通化门：唐长安外郭城东面偏北门。

天御带①,发神策骑三百为卫②。初,逢吉忌度,帝恶居中桡沮,出之外。

度屯郾城③,劳诸军,宣朝廷厚意,士奋于勇。是时诸道兵悉中官统监,自处进退,度奏罢之,使将得颛制④,号令一,战气倍。未几,李愬夜入悬瓠城⑤,缚吴元济以报。度遣马揔先入蔡,明日,统洄曲降卒万人持节徐进⑥,抚定其人。

初,元济禁偶语于道,夜不然烛,酒食相馈遗者以军法论。度视事⑦,下令唯盗贼、斩死抵法,馀一蠲除⑧,行来不限昼夜,民始知有生之乐。度以蔡牙卒侍帐下⑨,或谓反侧未安⑩,不可去备,度笑曰:"吾为彰义节度,元恶已擒,人皆吾人也!"众感泣。既而申、光平定⑪,以马揔为留后。

---

① 通天御带:一种用通犀角做的御用衣带。 ② 神策:神策军,唐中期建立的禁卫军,以宦官任左、右神策中尉为其长官。 ③ 郾城:县名,今河南偃城。 ④ 颛(zhuān 专):通"专"。 ⑤ 李愬(shuò 朔):《旧唐书》、《新唐书》有传。悬瓠(hù 户)城:今河南汝南。 ⑥ 洄(huí)曲:即时曲,溵水于此回曲,所以叫洄曲。 ⑦ 视事:就职治事。 ⑧ 蠲(juān 捐):通"捐",除去。 ⑨ 牙卒:牙兵,节度使衙门里的警卫亲兵。 ⑩ 反侧:不安定的人。 ⑪ 申、光:申州,治所在今河南南阳北。光州,治所在今河南潢川。都是淮西节度使所管辖的州。

度入朝，会帝以二剑付监军梁守谦①，使悉诛贼将。度遇诸郾城，复与入蔡，商罪议诛。守谦请如诏，度固不然，腾奏申解②，全宥者甚众③。策勋进金紫光禄大夫、弘文馆大学士、上柱国、晋国公④，户三千，复知政事。

程异、皇甫镈以言财赋幸⑤，俄得宰相。度三上书极论不可，帝不纳。自上印，又不听。纤人始得乘罅⑥。

初，蔡平，王承宗惧，度遣辩士柏耆胁说，乃献德、棣二州⑦，纳质子⑧。又谕程权入觐⑨，始判沧、景、德、棣为一镇，朝廷命帅，而承宗势乃离。

李师道怙强⑩，度密劝帝诛之。乃诏宣武、义成、武

① 监军梁守谦：唐代有大战役常派宦官为监军，节度使身边也派有宦官任监军，梁守谦即为当时一名大宦官。② 腾奏：驿递奏章。 ③ 宥（yòu 又）：赦罪。 ④ 勋：功劳。金紫光禄大夫：高级的文散官。弘文馆大学士：唐武德四年置修文馆于门下省，九年改名弘文馆，置学士，掌校正图籍、教授生徒，并参议政事，学士中资历声望较高的称大学士。上柱国：唐代最高级的勋官。 ⑤ 程异、皇甫镈（bó 博）：《旧唐书》、《新唐书》均有传。 ⑥ 纤人：小人。罅（xià 下）：缝隙。⑦ 德：德州，治所在今山东陵县。棣：棣州，治所在今山东惠民东南。 ⑧ 质子：把儿子或亲人送到对方作抵押叫质，这是王承宗把儿子送进长安以表示自己对朝廷尽忠。 ⑨ 程权：横海军节度使，领有沧、景二州，沧州治所在今河北沧州东南，景州在今河北东光西北。程权入朝后程氏即不再据有横海军。《旧唐书》、《新唐书》有传。 ⑩ 怙（hù 户）：依靠、恃。

宁、横海四节度会田弘正致讨①。弘正请自黎阳济，合诸节度兵，宰相皆谓宜，度曰："魏博军度黎阳②，即叩贼境，封畛比联③，易生顾望，是自战其地。弘正、光颜素少断，士心盘桓④，果不可用。不如养威河北，须霜降水落⑤，绝阳刘⑥，深抵郓⑦，以营阳谷⑧，则人人殊死，贼势穷矣。"上曰："善！"诏弘正如度言。弘正奉诏，师道果禽。……

度……已而卒为异、镈所构，以检校尚书右仆射兼门下侍郎平章事为河东节度使。穆宗即位，进检校司空。朱克融、王廷凑乱河朔⑨，加度镇州行营招讨使⑩。即帝以李光颜、乌重胤爪牙将⑪，倚以击贼，兵十馀万，有所畏，无尺寸功。度既受命，入贼境，数斩将以闻。俄兼

---

① 宣武：宣武军节度使，治所在今河南开封。义成：义成军节度使，治所在今河南滑县。武宁：武宁军节度使，治所在今江苏徐州。 ② 魏博军：即魏博军节度使，治所在魏州。 ③ 封畛（zhěn 诊）：疆界。 ④ 盘桓：徘徊。 ⑤ 霜降：二十四节气之一，每年十月二十三日前后开始。 ⑥ 阳刘：阳刘镇，在今山东东阿县北六十里。 ⑦ 郓：郓州，治所在今山东东平西北。 ⑧ 阳谷：县名，在今山东阳谷东北。 ⑨ 朱克融、王廷凑：朱克融本是幽州将领，杀节度使张弘靖自立为节度使，王廷凑本是成德将领，杀节度使田弘正自立为节度使。《旧唐书》、《新唐书》有传。 ⑩ 镇州：唐元和十五年，穆宗李恒即位后，为了避讳改恒州为镇州。 ⑪ 爪牙将：比喻武臣。

押北山诸蕃使。时元稹显结宦官魏弘简求执政，惮度复当国，因经制军事，数居中持梗，不使有功。度恐乱作，即上书痛暴稹过恶。帝不得已，罢弘简、稹近职。俄擢稹宰相，以度守司空平章事、东都留守。谏官叩延英，言不可罢度兵，摇众心，帝不召，于是交章极论，未之省。会中人使幽镇还，言："军中谓度在朝，而两河诸侯忠者怀，强者畏。今居东，人人失望。"帝悟，诏度由太原朝京师。及陛见，始陈二贼畔涣①，受命无功，并陈所以入觐意，感概流涕②，伏未起。谒者欲宣旨③，帝遽曰："朕当延英待卿！"……旧仪，阁中群臣未退④，宰相不奏事，称贺则谒者答。帝以度勋德，故待以殊礼。度之行，移克融、延凑书⑤，开说谆沓⑥，傅以大谊，二人不敢桀，皆愿罢兵。……乃拜度守司徒，领淮南节度使⑦。……

是时，徐州王智兴逐崔群⑧，诸军盘亘河北，进退未一。议者交口请相度，乃以本官兼中书侍郎平章事。权佞侧目，谓李逢吉险贼善谋，可以构度，共讽帝自襄阳召

---

① 畔涣：暴横、跋扈。 ② 概：通"慨"。 ③ 谒者：掌管引见臣下，传达使命的人。 ④ 阁(gé 革)：指殿旁的门户。 ⑤ 移：官府文书之一种。 ⑥ 谆(zhūn)：教诲不倦。沓：语多貌。 ⑦ 淮南节度使：治所在今江苏扬州。 ⑧ 王智兴：是武宁军节度副使，逐节度使崔群自立，《旧唐书》、《新唐书》有传。崔群：《旧唐书》有传。

逢吉还①，拜兵部尚书。度居位再阅月，果为逢吉所间，罢为左仆射。帝暴风眩，中外不闻问者凡三日。度数请到内殿，求立太子，翼日乃见，帝遂立景王为嗣②，逢吉既代相，思有以牙孽之③，引所厚李仲言、张又新、李续、张权舆等④，内结宦官，种支党，丑沮日闻⑤，乃出度山南西道节度使，夺“平章事”。长庆四年，……帝……谓处厚曰⑥：“度累为宰相，而官无‘平章事’，谓何？”处厚具道其由，帝于是复度兼平章事。帝虽孺蒙⑦，然注意度，中人至度所，必丁宁慰安，且示召期。宝历二年，度请入朝，逢吉党大惧，权舆作伪谣云：“非衣小儿坦其腹⑧，天上有口被驱逐⑨。”以度平元济也。都城东西冈六，民间以为乾数，而度第平乐里，直第五冈⑩。权舆乃言：“度名应图谶，第据冈原，不召而来，其意可见。”欲以倾度。天子独

① 自襄阳召逢吉还：李逢吉当时任山南西道节度使，治所在襄阳即今湖北襄阳市。 ② 景王：穆宗长子敬宗李湛，当时封景王。 ③ 牙：以牙相啮。孽：媒孽，挑拨是非，陷人于罪。 ④ 李仲言：后改名训，《旧唐书》、《新唐书》有传。张又新、李续：《旧唐书》、《新唐书》均有传。 ⑤ 丑：这里是嫉害的意思。 ⑥ 处厚：韦处厚，当时是翰林学士，《旧唐书》、《新唐书》有传。 ⑦ 孺蒙：幼稚愚昧。 ⑧ 非衣小儿：影射“裴”字。 ⑨ 天上有口：影射“吴”字。 ⑩ 第五冈：相当于乾卦的第五爻即所谓“九五，飞龙在天”，是成为天子的卦。

能明其诬，诏复使辅政。……未几，判度支[①]。帝崩，定策诛刘克明等迎立江王[②]，是为文宗。加门下侍郎。李全略死[③]，子同捷求袭沧景军[④]。度奏讨平之，即陈："调兵食非宰相事，请罢度支归有司。"奏可，进阶开府仪同三司，赐实封户三百。度恳让不得可，乃受实封。

大和四年，数引疾不任机重，愿上政事。帝择上医护治，中人日劳问相蹑。乃诏进司徒、平章军国重事，须疾已，三日若五日一至中书。度让免册礼。度自见功高位极，不能无虑，稍诡迹避祸。于是牛僧孺、李宗闵同辅政[⑤]，媢度勋业久居上，欲有所逞，乃共訾其迹损短之。因度辞位，即白帝进兼侍中，出为山南东道节度使。……顷之，固请老，不许。

八年，徙东都留守，俄加中书令。李训之祸[⑥]，宦官

---

① 判度支：度支本是户部的一个司，掌管财政收支，安史乱后多用他官兼领度支事务，称度支使或判度支，责任极重。 ② 定策：拥立皇帝。刘克明：杀死敬宗的宦官，《旧唐书》有传。江王：穆宗第二子李昂。 ③ 李全略：横海军节度使，《旧唐书》、《新唐书》有传。 ④ 沧景军：横海军节度使领沧、景二州，故可称沧景军。 ⑤ 牛僧孺：牛李党争中所谓牛党的主要人物，《旧唐书》、《新唐书》有传。 ⑥ 李训之祸：李训、郑注等图谋铲除大宦官仇士良等人，由李训骗仇士良等去看甘露，想乘机下手，不意失败，李训、郑注等反被仇士良杀害，史称"甘露之变"。

肆威以逞，凡训、注宗娅宾客悉收逮①，讯报苛惨②。度上疏申理，全活数十姓。……时阉竖擅威③，天子拥虚器④，搢绅道丧⑤。度不复有经济意⑥，乃治第东都集贤里，沼召林丛岑缭幽胜⑦。午桥作别墅⑧，具燠馆凉台⑨，号绿野堂，激波其下。度野服萧散⑩，与白居易、刘禹锡为文章⑪，把酒穷昼夜相欢⑫，不问人间事。而帝知度年虽及⑬，神明不衰，每大臣自洛来，必问度安否。

开成二年，复以本官节度河东。度牢辞老疾，帝命吏部郎中卢弘宣谕意曰："为朕卧护北门可也！⑭"趣上道，度乃之镇。易定节度使张璠卒⑮，军中将立其子元益，度乃遣使晓譬祸福，元益惧，束身归朝⑯。

三年，以病丐还东都，真拜中书令，卧家未克谢，有

---

① 娅（yà 轧）：即姻娅，亲家和襟，泛指姻亲。 ② 报：审判。 ③ 阉竖：宦官的贱称。 ④ 虚器：器指标志名位的器物，虚器就是虚名、虚位。 ⑤ 搢绅：士大夫。 ⑥ 经济：这里指经国济民，和今天所指经济不是同一概念。 ⑦ 岑（cén）：小山。⑧ 午桥：在洛阳城南郊。 ⑨ 燠（yù 郁，又读 ào 奥）：暖。⑩ 野服：田野人的衣服。萧散：闲散。 ⑪ 白居易、刘禹锡：《旧唐书》、《新唐书》均有传，《新唐书》白传本书选译。 ⑫ 把酒：手持酒杯。 ⑬ 及：是到头，这里指年事已高。 ⑭ 北门：唐代曾把河东节度使治所太原作为北都，认为是唐政权的北门。 ⑮ 易定节度使：治所易州，在今河北易县。 ⑯ 束身：比喻归顺。

诏先给俸料。上巳宴群臣曲江①，度不赴，帝赐诗曰："注想待元老②，识君恨不早。我家柱石衰③，忧来学丘祷④。"别诏曰："方春慎疾为难，勉医药自持。朕集中欲见公诗，故示此，异日可进⑤。"使者及门而度薨，年七十六。帝闻震悼，以诗置灵几⑥。册赠太傅，谥文忠，赗礼优缛⑦，命京兆尹郑复护丧。度临终，自为铭志⑧。帝怪无遗奏，敕家人索之，得半稿，以储贰为请⑨，无私言。会昌元年，加赠太师。大中初，诏配享宪宗庙廷。

【翻译】

裴度，字中立，河东闻喜人。德宗贞元初年考中进

---

① 上巳(sì 寺)：我国古代以阴历三月三日为"上巳"，这天在水流边洗澡宴饮，唐代则在曲江饮宴。曲江：在今陕西西安东南。 ② 元老：旧多指在政界资望很高的人。 ③ 柱石：支梁的柱子和承柱子的基石，比喻担负国家重任的人。 ④ 丘祷：《论语·述而》说，有一次孔子病重，学生子路给他向鬼神祈祷，孔子不满意，说"丘之祷也久矣！"这里的"丘祷"就是为裴度这位元老祈祷的意思。 ⑤ 朕集……可进：唐人往往把他人倡和自己的诗收入自己的诗集里，文宗喜欢做诗，希望自己集子中有裴度的倡和诗，所以写了这首诗赐给裴度，请日后裴度病愈和了再进呈。 ⑥ 灵几：棺前的几。 ⑦ 赗(fèng 奉)：送给丧家送葬之物。缛(rù 褥)：繁重。 ⑧ 铭志：旧时人死后墓中放有石刻的墓志，记叙死者姓氏、籍贯、生平等。 ⑨ 储贰：太子。

士科，又考中博学宏辞科任校书郎。应试贤良方正科高等，任河阴县县尉。升迁为监察御史，因议论权贵幸臣梗直严切，出任河南府功曹参军。武元衡任西川节度使，表请他掌节度府书记。又内召任起居舍人。

元和六年(811年)，裴度以司封员外郎知制诏。田弘正奉魏、博等六州效忠于朝廷，宪宗派裴度去宣谕。田弘正知道裴度是皇帝识拔的人，所以出郊远迎趋跽受命，并且请裴度走遍所属各州，宣扬天子恩德，魏人由此欢欣臣服。裴度回朝后，拜授中书舍人。过了一段时间，升任御史中丞。宣徽院五坊小使秋天放鹰和狗，所到之处扰乱官府，索取一大笔供应和谢礼才离开。下邽县令裴寰，是个有才干的官吏，不奉承这伙人，这伙人诬告裴寰说坏话，将裴寰送进诏狱，要以大不敬论处。宰相武元衡婉言诤谏，宪宗怒气不消。裴度在延英殿见宪宗，说裴寰无辜，宪宗生气地说："如果裴寰真的无罪，就打小使；如果小使无罪，就打裴寰。"裴度说："这样处罚固然合适，只是裴寰作为县令，怜惜陛下的百姓，怎能治罪呢?"宪宗脸色转和，释放了裴寰。

官军讨伐蔡州，派裴度巡视行营诸军，回京后，上奏攻取的策略，符合宪宗的想法。宪宗又问诸将谁有才干，裴度回答说："李光颜忠义而且勇敢，能够成功。"不到三天，李光颜打败了时曲叛军，宪宗赞赏裴度知人，提升裴度兼任刑部侍郎。

王承宗、李师道企图缓解蔡州兵事，就派刺客潜伏京师，刺杀管事的大臣。已经杀害了宰相武元衡，又袭击裴度，砍了三下，截断了靴带，砍在背上划破了内衣，又伤着头部，戴着毡帽，得以不死。随从的吏卒吓得伏在地上，只有拉马的王义抓住刺客大叫，刺客砍断了王义的手，裴度坠进沟里，刺客以为裴度已死掉，就逃跑了。有人议论要罢掉裴度的官，来安抚反叛的二镇。宪宗发怒道："裴度能够活着，这是天意。如果罢掉他，正中叛贼之计，我依靠裴度，足以打败这三贼！"裴度也认为朝廷威权纲纪不张，王室陵迟，常愧愤没有机会为国家献身。从行营回来，知道叛军的曲折，宪宗对他逾加信任。这次他受伤睡了二十来天，宪宗分卫兵去守护他的住宅，看望问候的人接踵于道路。伤好以后，宪宗下诏不必去宣政殿上朝，直接到延英殿奏对，拜他为中书侍郎同中书门下平章事。当时正值各道用兵，纷争不解，朝廷内外恐慌，人们紧张得喘不过气来。到裴度执掌国政，内外才开始安宁，从此讨伐叛乱也更加急迫。……

当时讨伐蔡州一再失利，群臣争着请求罢兵，钱徽、萧俛更为激切。裴度上奏说："这是腹心之病，不及时除去，将成为大害，否则，两河也将看我们如何处理，而决定他们臣服还是叛乱。”这时唐邓节度使高霞寓败退，别的宰相揣测宪宗已厌倦用兵，准备赦贼，试探宪宗的意旨。宪宗说：“一胜一败，是兵家常事。如果用兵常胜，那么古时为什么害怕用兵？而几朝圣人不至于把这贼留给了朕。现在只论将帅的勇怯、兵的强弱、处置是否得当，怎能一次失败就中止原定计划呢？”于是左右朝臣不能在这里找到空隙。元和十二年(817 年)，宰相李逢吉、王涯又建议说：“军饷开支庞大，供应不起，应该罢兵。”只有裴度请求亲自去督战。宪宗用眼睛暗示裴度留下，说：“真的代朕前往吗？”裴度俯伏着流下眼泪说：“臣誓死不与叛贼同生。”就拜度为门下侍郎平章事、彰义军节度使、淮西宣慰招讨处置使。

裴度考虑到韩弘领着都统的头衔，就把宣慰招讨处置使的“招讨”上还，以避免和韩弘冲突，但实际上履行的还是都统的职责。又诏书中有一些言辞是刺激贼兵而激怒韩弘的，意思是使韩弘怏怏不乐，则裴度没有人和他共同成功，裴度请求改换这些言辞，以消除有离间的嫌疑。于是表请马揔为宣慰副使，韩愈为行军司马，李正封、冯宿、李宗闵充任使的幕府。裴度进延英殿奏对道：“主上担忧就是臣下的耻辱，在道义上臣此行已下必死之心，叛贼不投降，臣回朝无期。”宪宗壮他的志气，为他流下眼泪。出行时，宪宗亲临通化门送行，赐给通天御带，派神策军三百名骑兵做他的侍卫。当初，李逢吉忌恨裴度，宪宗厌他在朝廷阻挠裴度，把他放出去做地方官。

裴度屯兵郾城，慰劳诸军，宣布朝廷的泽恩厚泽，将士都奋勇。当时各道的兵马都由宦官做监军，处置进退，裴度上奏撤销，使将领能专制兵马，号令统一，士气倍增。不久，李愬黑夜进入悬瓠城，擒获了吴元济上报。裴度派马揔先进入蔡州，第二天，亲自带领洄曲降卒万人持着节慢慢地进入，抚慰安定蔡州人。

当初，吴元济禁止两个人在街上谈话，夜里不许点烛，馈送酒食的以违犯军法论处。裴度就任后，下令只有盗贼、杀人犯才以法抵罪，其余一律免除，来往不限昼夜，百姓才知道人生的乐趣。裴度又用蔡州的牙兵在帐下服侍，有人说人心尚未安定，不可不防备，裴度笑着说："我是彰义军节度使，首恶已擒，蔡州人都是我的人啊！"蔡州人没有不感动得流泪的。不久申、光二州也平定了，让马揔担任留后。

裴度入朝，逢上宪宗把两口剑交付监军梁守谦，叫他把贼将统统杀掉。裴度在郾城与他相遇，和他一同再到蔡州，议罪诛杀。梁守谦主张按诏书办，裴度坚决不肯，驿递奏章申辩劝解，赦免保全了很多人。论功进裴度为金紫光禄大夫、弘文馆大学士、赐勋上柱国、晋国公，食邑三千户，重新知政事。

程异、皇甫镈以言财赋被宠用，不久得任宰相。裴度三次上书极言这样做不行，宪宗没有采纳。裴度自行交还相印，宪宗也不听，小人因此有机可乘。

当初，蔡州平定，王承宗害怕起来，裴度派遣善于言词的柏耆去威胁劝说，承宗就献出德、棣二州，并送儿子作人质。又晓谕程权入朝觐见。把沧、景、德、棣四州作为一个节镇，由朝廷任命节度使，王承宗势力由此被削弱。

李师道恃势强横，裴度秘密劝说宪宗诛讨李师道。于是下诏叫宣武、义成、武宁、横海四个节度使会同田弘正讨伐。田弘正奏请自黎阳渡过黄河，与各节度使的兵马会合。宰相都说合适，裴度说："魏博军从黎阳过河，马上进入贼境，疆界相接，容易产生顾望，如似独自在这里作战。田弘正、李光颜一向寡于决断，兵众徘徊不前，终不可用。不如让他养威河北，等霜降水势回落，自阳刘渡河，直抵郓州，设营阳谷，那就人人拼命作战，叛贼势穷了。"宪宗说："很好！"下诏让田弘正照裴度说的去做，田弘正奉诏，李师道果真被擒杀。……

裴度……不久终于被程异、皇甫镈诬陷，以检校尚书右仆射兼门下侍郎平章事出任河东节度使。穆宗即皇帝位，进裴度为检校司空。朱克融、王廷凑在河北作乱,加任裴度镇州行营招讨使。当时穆宗以李光颜、乌重胤为爪牙之将,依靠他们讨伐叛贼,兵众有十几万,仍怯战,没有尺寸之功。裴度既受命,进入贼境,斩杀贼将的捷报频频传闻。不久又兼押北山诸蕃使。当时元稹公开结交宦官魏弘简来求当宰相,害怕裴度再次执政,借处理军事的机会,多次从中作梗,不使裴度有功。裴度害怕出大乱子,就上书痛斥元稹的罪恶。穆宗不得已,罢除了魏弘简、元稹的职务。但不久又升擢元稹为宰相,以裴度为司空平章事、东都留守。谏官们来延英殿叩见,陈述不能罢裴度的兵权,以免动摇军心。穆宗不召见他们,他们就上章奏极言陈请,穆宗不加理会。这时正值宦官出使幽州、镇州的回朝,说:"军中说裴度在朝廷,两河节度使中忠心的归向,强大的畏惧。现在去东都洛阳,人人失望。"穆宗这才醒悟,下诏裴度由太原进京朝见。到陛见时,裴度陈述朱克融、王廷凑二贼横暴,自己受命讨贼无功,并陈述所以觐见的用意,感慨流泪,伏着未曾起身。谒者想宣布皇帝旨意,穆宗急忙对裴度说:"朕将在延英殿接待卿!"……相沿的礼仪,阁中群臣还未退朝,宰相不向皇帝上奏事;有称贺则由谒者对答。穆宗因为裴度有勋德,因此用特殊的礼仪对待。裴度离开前,有书信给朱克融、王廷凑,一再开导劝说,以大义来教导,二人不敢再凶暴,都愿意罢兵。穆宗……就拜裴度守司徒，领淮南节度使。……

这时，徐州的王智兴驱逐了节度使崔群，诸军盘踞河北，进退未定。议论的都请求用裴度当宰相，于是度以本官兼中书侍郎平章事。有权势的奸佞为之侧目，说李逢吉阴险而善谋，可以用来陷害裴度，一起劝穆宗把李逢吉从襄阳召回，拜为兵部尚书。裴度居相位才两个月，果真被李逢吉暗算，罢相而为尚书左仆射。穆宗暴得风眩毛病，中外三天不通消息。裴度多次请求到内殿，请求立太子，第二天才见到穆宗，穆宗就立景王为继承人。李逢吉既已代为宰相，想法子坑害裴度，引用关系亲密的李仲言、李续、张权舆等人，内结宦官，广树朋党，裴度的所谓丑闻每天都在传播，于是把裴度弄出去担任山南西道节度使，还剥夺他“平章事”的官衔。长庆四年(824 年)，……敬宗对韦处厚说：“裴度多次任宰相，而官衔中没有‘平章事’，是什么原因？”处厚备述原因，敬宗于是恢复裴度的“兼平章事”。敬宗虽然幼稚愚昧，但能重视裴度，派宦官去裴度那里，一定要叮咛他们安慰裴度，并且告诉召回的时间。宝历二年(826 年)，裴度请求入朝，李逢吉一党非常害怕，张权舆伪造童谣说：“非衣小儿坦其服，天上有口被驱逐。”因为裴度曾平吴元济。京城东西向有六条冈，民间以为合乾卦之数，而裴度宅第在平乐里，正好在第五冈，张权舆便说：“裴度的名字与图谶相应，宅第又据冈原，不召而来，其意可见。”想以此来陷害裴度。敬宗独能认清这是诬陷，下诏让裴度再次辅政。……不久，又判度支，敬宗驾崩，裴度定策诛杀刘克明等而迎立江王，就是文宗。因功加授门下侍郎。李全略死后，子李同捷要求承袭领有沧景军。裴度上奏把他讨平。就陈述道：“调发军队粮饷不是宰相的事情，请求罢掉判度支归有关部门管理。”文宗答应了，裴度进阶为开府仪同三司，赐实封三百户。裴度恳求辞让不被允许，才接受实封。

大和四年(830 年)，裴度多次提出因病不能胜任机务重任。要求交上政事。文宗挑选高明的医生护理治疗，宦官每天前去慰问的人络绎不绝。于是下诏进裴度为司徒、平章军国大事，等病愈后，三天或五天去一次中书省。裴度辞让免掉册授司徒之礼。裴度自知功高而品位已极，不能没有顾虑，稍稍对付着以避祸患。这时牛僧孺、李宗闵一起辅政，妒忌裴度勋业之高居己之上，想有所得逞，就毁谤裴度的言行来贬损他。趁裴度辞位，就向皇帝说进裴度兼侍中，叫他出任山南东道节度使。……过了些时间，裴度请求告老，没有准许。

大和八年(834 年)，裴度调任东都留守，不久又加中书令。李训之祸，宦官放肆逞威，凡是李训、郑注的姻亲宾客全被逮捕，审判得非常残酷。裴度上疏申理，使数十家得保全不被杀害。……当时宦官专权，天子徒有虚位，士大夫备受摧抑。裴度不再有经国济民的打算，便在东都集贤里盖了宅第，池沼奇石树木和环绕的小山都极为幽胜。在午桥盖别墅，有暖馆凉台，称为绿野堂，激水在下边流过。裴度野服闲散，和白居易、刘禹锡在一起作文章、喝着酒，白天黑夜地欢会，不问人间的事情。而文宗知道裴度年事虽高，精神并不衰退，每有大臣从洛阳来京，一定要问裴度的平安。

开成二年(837 年)，裴度又以本官任河东节度使。裴度以老病坚辞，文宗命吏部郎中卢弘宣谕意旨说："给朕躺着守护北门吧!"催促上路，裴度于是去河东。易定节度使张璠死了，军中打算立他的儿子张元益，裴度就派使者前去说明利害，张元益害怕了，便束身归朝。

开成三年(838 年)，裴度因病请求返回东都，文宗真拜他为中书令，他卧病家中没有能谢恩，下诏先给中书令的俸料。上巳日文宗在曲江与群臣宴饮，裴度没有前来，文宗赐给他诗道："注想待元老，识君恨不早。我家柱石衰，忧来学丘祷。"另外又下诏说："现在是春天难于保养，望努力用医药调治。朕的诗集里要有公的诗，因而把朕的诗给公看，过些日子可把公的诗进献。"使者来到裴度宅第的门口而裴度去世了，享年七十六岁。文宗闻讯震悼，叫把诗放在裴度灵几上。册赠裴度为太傅，谥号叫文忠，赗礼优厚繁重，叫京兆尹郑复护丧。裴度临终前，自己撰写了墓志铭。文宗怪他没有遗奏，下令让他家里人寻找，得到半篇草稿，只是请皇上早立太子，没有为个人说什么。武宗会昌元年(841 年)，加赠裴度太师。宣宗大中初年，下诏把裴度配享宪宗庙廷。

白居易传

白居易是唐代著名的大文学家，是诗圣杜甫以后真正关心人民疾苦又具有高度艺术水平的诗人。他所留下的《秦中吟》、《新乐府》以及《长恨歌》、《琵琶行》已久为人们喜爱传诵，这里不必细说。至于他晚年思想趋于消极，“放意文酒”，“无立功名意”，则是由于当时统治集团中朋党之争剧烈，白居易不愿卷入其中作无谓的牺牲，因而采取了不介入的姿态。对此我们应该予以谅解而不必责备求全。（选自卷一一九）

白居易，字乐天，其先盖太原人。北齐五兵尚书建①，有功于时，赐田韩城②，子孙家焉，又徙下邽。父季庚，为彭城令③，李正己之叛④，说刺史李洧自归⑤，累擢襄州别驾⑥。

居易敏晤绝人⑦，工文章。未冠⑧，谒顾况⑨。况吴人，恃才少所推可，见其文，自失曰⑩："吾谓斯文遂绝，今复得子矣！"贞元中擢进士、拔萃皆中⑪，补校书郎。元和元年对制策乙等⑫，调盩厔尉⑬，为集贤校理。月中召入

---

① 五兵尚书：魏晋南北朝时设置，北齐的五兵指左中兵、右中兵、左外兵、右外兵、都兵，分设五曹，到隋代改设兵部尚书。建：白建，《北齐书》、《北史》有传。 ② 韩城：县名，即今陕西韩城。 ③ 彭城：县名，今江苏徐州。 ④ 李正己：淄青节度使，《旧唐书》、《新唐书》有传。 ⑤ 李洧：李正己的从父兄，当时任徐州刺史，是彭城令的上司，《旧唐书》、《新唐书》有传。 ⑥ 襄州：治所在今湖北襄樊。 ⑦ 晤：通"悟"，聪明。 ⑧ 冠：古礼男子二十而行冠礼，即为成人。 ⑨ 顾况：《旧唐书》有传。 ⑩ 自失：不自主。 ⑪ 拔萃：唐代吏部选用人才的一种考试。 ⑫ 对制策：这次白居易考中的是"才识兼茂明于体用科"，这是一种制举，要回答皇帝提出的问题即所谓"策问"，回答的就叫"对策"或"对制策"。 ⑬ 盩厔（zhōu zhì 周至）：县名，今陕西周至。

翰林为学士①,迁左拾遗。……后对殿中,论执强鲠,帝未谕,辄进曰:"陛下误矣!"帝变色,罢谓李绛曰②:"子我自拔擢,乃敢尔,我叵堪此,必斥之!"绛曰:"陛下启言者路,故群臣敢论得失。若黜之。是箝其口③,使自为谋,非所以发扬盛德也④。"帝悟,待之如初。岁满当迁,帝以资浅,且家素贫,听自择官。居易请如姜公辅以学士兼京兆户曹参军⑤,以便养,诏可。明年,以母丧解。还,拜左赞善大夫⑥。

是时,盗杀武元衡,京都震扰。居易首上疏,请亟捕贼,刷朝廷耻,以必得为期。宰相嫌其出位,不悦。俄有言居易母堕井死,而居易赋《新井篇》,言浮华无实行,不可用,出为州刺史。中书舍人王涯上言不宜治郡,追贬江州司马⑦。既失志,能顺适所遇,托浮屠生死说,若忘

---

① 召入翰林为学士:唐玄宗时设翰林学士,在翰林院南另建学士院,翰林学士替皇帝撰写诏令,以后逐渐参与机密,到德宗时有"内相"之称,有些宰相就由翰林学士提升。② 李绛:当时任翰林学士,《旧唐书》、《新唐书》有传。③ 箝:紧闭,箝制。④ 盛德:美盛的品德。⑤ 姜公辅:《旧唐书》、《新唐书》有传。户曹参军:唐时各府设户曹参军,各州设司户参军,掌管籍帐、婚姻、田宅等事。⑥ 左赞善大夫:唐于太子左春坊下设左赞善大夫五人,为太子僚属,掌侍从翊赞。⑦ 江州:治所在今江西九江。

形骸者①。久之，徙忠州刺史②。入为司门员外郎，以主客郎中知制诰③。……俄转中书舍人。……于是天子荒纵，宰相不才，赏罚失所宜，坐视贼无能为。居易虽进忠，不见听，乃丐外迁为杭州刺史④。始筑堤捍钱塘湖，钟泄其水，溉田千顷，复浚李泌六井⑤，民赖其汲⑥。久之，以太子左庶子分司东都。复拜苏州刺史⑦，病免。

文宗立，以秘书监召，迁刑部侍郎，封晋阳县男⑧。大和初，二李党事兴⑨，险利乘之，更相夺移，进退毁誉，若旦暮然。杨虞卿与居易姻家⑩，而善李宗闵，居易恶缘党人斥，乃移病还东都，除太子宾客分司⑪。逾年，即拜河南尹，复以宾客分司。开成初，起为同州刺史⑫，不拜，改太子少傅⑬，进冯翊县侯⑭。会昌初，以刑部尚书致

---

① 形骸：人的形体、躯壳。 ② 忠州：治所在今四川忠县。 ③ 主客郎中：唐礼部下属主客司的长官。 ④ 杭州：州名，治所在今浙江杭州。 ⑤ 浚：疏浚。李泌：曾任杭州刺史，《旧唐书》、《新唐书》有传。 ⑥ 汲：取水于井。 ⑦ 苏州：治所在今江苏苏州。 ⑧ 晋阳县：在今山西太原市东晋江北岸。 ⑨ 二李：指宗闵和李德裕，二人各成朋党，互相排挤，也就是历史上所说的牛李两党，牛是李宗闵一党的牛僧孺，李即李德裕。 ⑩ 杨虞卿：《旧唐书》、《新唐书》有传。 ⑪ 太子宾客：东宫的高级官员，掌侍从规谏，赞相礼仪。 ⑫ 同州：治所在今陕西大荔。 ⑬ 太子少傅：东宫高级官员，地位还在太子宾客之上，当然都是荣誉性的，并无实权。 ⑭ 冯翊县：今陕西大荔。

仕。六年卒，年七十五，赠尚书右仆射。宣宗以诗吊之。遗命薄葬，毋请谥。

居易被遇宪宗时，事无不言，湔剔抉摩①，多见听可。然为当路所忌，遂摈斥②，所蕴不能施，乃放意文酒。既复用，又皆幼君，偃蹇益不合③，居官辄病去，遂无立功名意。与弟行简、从祖弟敏中友爱④。东都所居履道里，疏沼种树，构石楼香山⑤，凿八节滩，自号醉吟先生，为之传。暮节惑浮屠道尤甚⑥，至经月不食荤，称香山居士。尝与胡杲、吉旼、郑据、刘真、卢真、张浑、狄兼谟、卢贞燕集，皆高年不事者，人慕之，绘为《九老图》。

居易于文章精切，然最工诗。初颇以规讽得失，及其多，更下偶俗好，至数千篇，当时士人争传。鸡林行贾售其国相⑦，率篇易一金⑧，甚伪者，相辄能辩之。初与元稹酬咏⑨，故号“元白”；稹卒，又与刘禹锡齐名，号“刘

---

① 湔(jiān 煎)：洗。剔：从缝隙里往外挑。抉(jué 决)：挑出，挖出。摩：通“磨”，磨灭，消除。 ② 摈(bìn 殡)：排斥。 ③ 偃蹇：合不到一起。 ④ 行简：白行简，《旧唐书》、《新唐书》与白居易同传。从祖弟：同曾祖的堂弟。敏中：白敏中，《旧唐书》、《新唐书》与白居易同传。 ⑤ 香山：在今河南洛阳，中隔伊水，和龙门山相对。 ⑥ 暮年：晚年。 ⑦ 鸡林：古国名，即新罗，本在今朝鲜半岛东南部，七世纪中叶到九世纪曾统一半岛大部。 ⑧ 率：通常。 ⑨ 酬咏：以诗词互相赠答。

白”。其始生七月能展书，姆指“之”、“无”两字①，虽试百数不差。九岁暗识声律②。其笃于才章，盖天禀然③。敏中为相，请谥，有司曰文。后履道第卒为佛寺。东都、江州人为立祠焉。……

【翻译】

白居易，字乐天，祖先大概是太原人。北齐五兵尚书白建，有功于当时，有赐田在韩城，子孙在这里定居下来，后来又迁到下邽。父亲名季庚，做彭城县令，李正己叛乱时，他规劝刺史李洧归顺朝廷，多次升迁任襄州别驾。

白居易聪明过人，擅长写文章。未冠时，拜见顾况。顾况是吴人，依仗有才，对别人很少许可，看了白居易的文字，不禁说道：“我以为文章之道已断绝，今天可以得到你来继承了！”贞元年间考进士、拔萃都考中，补授校书郎。元和元年（806 年）对策获乙等，调任盩厔县尉，做集贤校理。当月中又召进翰林院任学士，升迁任左拾遗。……后来在殿上奏对，言论梗直，宪宗没有理解对，就说：“陛下错了！”宪宗变了脸色，罢朝后对李绛说：“这

---

① 姆（mǔ 母）：保姆。 ② 暗识（zhì 志）：记住。声律，本指诗赋的声韵格律，引申指诗赋。 ③ 天禀：天赋、天资。

人是我亲自提拔的，竟敢如此，我怎忍受得了，一定要贬斥！”李绛说：“陛下广开言路，所以群臣敢谈论得失。如果罢黜他，就是封了他们的嘴，使他们都为自己打算，这不是发扬盛德的做法。”宪宗醒悟了，对待白居易像原先一样。岁满了应当升迁，宪宗因为他资历浅，况且家境一向贫寒，听任他自己选择官职。白居易请求像姜公辅那样以学士兼京兆府户曹参军，以便于养家，下诏同意。第二年，因为母亲去世而解官。居丧期满回朝后，任左赞善大夫。

这时，刺客杀了武元衡，京城震扰。白居易首先上疏，请求赶快抓刺客，洗刷朝廷的耻辱，务必抓获。宰相讨厌他已越位论事，很不高兴。不久有人说白居易的母亲落井而死，而白居易却写了《新井篇》，言辞浮华不实，不能任用，就外任为州刺史。中书舍人王涯上疏说不应该让他治理州郡，追贬为江州司马。白居易已失意，能够顺应遭遇，寄托佛教的生死之说，忘掉了躯壳。过了好久，改任忠州刺史。又回京任司门员外郎，以主客郎中知制诰。……不久升转中书舍人。……这时候穆宗放纵不理政事，宰相才能低下，赏罚失当，眼看着叛贼无能为力。白居易虽进忠言，不被听取，就请求外任做杭州刺史。开始修筑堤岸护卫钱塘湖，蓄泄湖水，灌溉了千顷农田，又疏浚李泌当年开浚的六个井，居民依靠来打水饮用。过了好久，以太子左庶子分司东都。又出任苏州刺史，因病免职。

文宗即位，召回任秘书监，升任刑部侍郎，封为晋阳县男。大和初年，李德裕、李宗闵掀起党争，阴险邀利的人乘机活动，互相争夺，进退毁誉，朝暮变化。杨虞卿和白居易是亲家，而亲近李宗闵，白居易不愿被加上朋党的名义，被排斥，就称病返回东都，任太子宾客分司。过了一年，就地任河南尹，以后又改任太子宾客分司。开成初年，起用白居易做同州刺史，没被接受，改任太子少傅，进封冯翊县侯。会昌初年，以刑部尚书退休。六年去世，享年七十五岁，追赠尚书右仆射。宣宗写诗对他吊唁。他遗言要求薄葬，不得求谥号。

白居易受宪宗知遇时，遇事无不直言，洗剔政事缺失，多数被皇上听取认可。但被宰相所忌，遭到排斥，怀抱不施展，就纵情于文酒。既而被起用，又都是年幼的君主，更加偃蹇不合，任职后很快借病辞去，就此不再有建立功名的念头。和亲弟白行简、从祖弟白敏中很友爱。在东都所居住的履道里，开池沼种树，在香山建造石楼，凿通八节滩，自称醉吟先生，写了《醉吟先生》。晚年尤其迷信佛教，甚至几个月不吃荤，称为香山居士。和胡杲、吉旼、郑据、刘真、卢真、张浑、狄兼谟、卢贞在一起宴会，都是高年不再做什么的，世人景慕他们，给他们画了《九老图》。

白居易写文章很精切，诗尤其写得好。起初颇用来规劝得失，写多了，就适应世俗的喜好。有诗几千篇，当时士人争相传诵。鸡林的行商拿来卖给他们的宰相，大抵一篇可换一金，伪造得很厉害，宰相能辨认出来。白居易当初和元稹互相赠答倡和，被称为“元白”；元稹去世后，他与刘禹锡齐名，号称“刘白”。他生下来七个月便会翻书，保姆指着“之”、“无”两字，叫他认识上百回也不认错。九岁就能背诵声律。专心致志于文章，当出于天性。白敏中做宰相时，为他请求谥号，有司给谥号为文。后来履道坊的住宅终于改成佛寺。东都人和江州人都为他立祠祭祀。……

李德裕传

封建统治阶级中派系集团之间的斗争是经常的，这种斗争在唐代建国之初就出现，以后几乎没有间断过。所谓牛李党争也只是这样的一种斗争，不过这次斗争的时间特别长，从宪宗时候就开始，到宣宗初年李党首领李德裕贬死才告一段落，延续了将近半个世纪。从这篇李德裕的传里，可以多少看到这种斗争的真实面目，它只讲利害，不讲原则，说不上有多少是非之分。只不过这个传是用偏袒李德裕的写法写成的，所以好像李德裕在道理上占着上风。至于李德裕的所谓功业，除抵御南诏以外也过于夸大，这里不得不多加删节，以免引起错觉。（选自卷一八〇）

李德裕，字文饶，元和宰相吉甫子也。少力于学，既冠，卓荦有大节①，不喜与诸生试有司，以荫补校书郎②。河东张弘靖辟为掌书记③，府罢，召拜监察御史。

穆宗即位，擢翰林学士。帝为太子时已闻吉甫名，由是顾德裕厚，凡号令大典册④，皆更其手，数召见，赉奖优华⑤。……再进中书舍人。未几，授御史中丞。

始，吉甫相宪宗，牛僧孺、李宗闵对直言策，痛诋当路⑥，条失政⑦。吉甫诉于帝，且泣，有司皆得罪，遂与为怨。吉甫又为帝谋讨两河叛将，李逢吉沮解其言⑧，功未既而吉甫卒，裴度实继之，逢吉以议不合罢去，故追衔吉甫而怨度⑨，摈德裕不得进。至是，间帝暗庸，沭度使与元稹相怨⑩，夺其宰相而己代之。欲引僧孺益树党，乃出德裕为浙西观察使⑪。俄而僧孺入相，由是牛、李之憾结矣。……

大和三年，召拜兵部侍郎。裴度荐材堪宰相。而李

① 卓荦：超绝，特出。 ② 荫：门荫，靠父祖功勋而得官，叫门荫。 ③ 张弘靖：《旧唐书》、《新唐书》有传。 ④ 典册：这里指皇帝的重要文告。 ⑤ 赉（lài 来去声）：赏赐。 ⑥ 诋（dǐ 底）：毁谤，诬蔑。 ⑦ 条：条陈，一条条陈述出来。 ⑧ 沮解：破坏。 ⑨ 衔：怀恨。 ⑩ 沭（xù 序）：引诱。 ⑪ 浙西观察使：治所在江苏镇江。

宗闵以中人助，先秉政，且得君，出德裕为郑滑节度使①，引僧孺协力，罢度政事。二怨相济②，凡德裕所善，悉逐之。于是二人权震天下，党人牢不可破矣。

逾年，徙剑南西川③。蜀自南诏入寇④，败杜元颖⑤，而郭钊代之⑥，病不能事，民失职，无聊生。德裕至，则完残奋怯，皆有条次。成都既南失姚、协⑦，西亡维、松⑧，由清溪下沫水而左⑨，尽为蛮有。始，韦皋招来南诏⑩，复巂州⑪，倾内资结蛮好，示以战阵文法。德裕以皋启戎资盗，其策非是，养成痈疽，弟未决耳。至元颖时，遇隙而发，故长驱深入，蹂剔千里，荡无孑遗。今瘢夷尚新⑫，

① 郑滑节度使：即义成军节度使，治所在今河南滑县。② 二怨：指李宗闵和牛僧孺。③ 剑南西川：剑南西川节度使，治所在今四川成都。④ 南诏：古国名，是以乌蛮为主体，包括白蛮等族在唐代建立的政权，全盛时辖有云南全部、四川南部、贵州西部等地，治所在今云南大理南太和村西。⑤ 杜元颖：《旧唐书》、《新唐书》有传。⑥ 郭钊：《旧唐书》、《新唐书》有传。⑦ 姚：姚州，治所在今云南姚安北。协：协州，治所在今云南彝良。⑧ 维：维州，治所在今四川理县东北。松：松州，治所在今四川松潘。⑨ 清溪：清溪关，在今四川石棉东南。沫水：即今四川西部的大渡河。⑩ 韦皋：曾任剑南西川节度使，《旧唐书》、《新唐书》有传。⑪ 巂（xī 西）州：治所在今四川西昌。⑫ 瘢（bān 班）夷：瘢本指创伤或疮疖等痊愈后留下的疤痕，这里说“瘢夷”，是指南诏入侵所造成的创伤。

非痛矫革，不能刷一方耻。乃建筹边楼，按南道山川险要与蛮相入者图之左，西道与吐蕃接者图之右，其部落众寡，馈饵远迩①，曲折咸具。乃召习边事者与之指画商订，凡虏之情伪尽知之。又料择伏瘴旧獠与州兵之任战者②，废遣狞耄什三四③，士无敢怨。又请甲人于安定④，弓人河中⑤，弩人浙西，繇是蜀之器械皆犀锐⑥。率户二百取一人，使习战，贷勿事，缓则农，急则战，谓之雄边子弟。其精兵曰南燕保义、保惠、两河慕义、左右连弩，骑士曰飞星、鸷击、奇锋、流电、霆声、突骑⑦，总十一军。筑杖义城，以制大度、青溪关之阻⑧；作御侮城，以控荥经掎角势⑨；作柔远城，以阨西山吐蕃⑩；复邛崃关⑪，徙巂州

---

① 饵(yùn 运)：运送粮食。 ② 瘴：旧时指南方山林间湿热蒸郁致人疾病的气叫瘴气，伏瘴即习惯于瘴气不会致病之意。旧獠(lǎo 老)：獠今写作僚，是魏晋时对分布在西南地区部分少数民族的泛称，旧獠指和汉人相熟的獠人。 ③ 狞（níng 宁)：凶恶貌，这里指旧獠和州兵中凶恶不听指挥的。耄(mào 帽)：老。 ④ 甲人：制造铠甲的工匠，下文弓人、弩人也是制造弓、弩的工匠。安定：县名，泾州的治所，在今甘肃泾川北。⑤ 河中：河中府，蒲州所改称，治所在今山西永济蒲州镇。⑥ 犀：坚固。 ⑦ 鸷(zhì 至)：凶猛的鸟。 ⑧ 大度：大渡水，即今大渡河。 ⑨ 荥经：县名，今四川荥经。 ⑩ 西山吐蕃：指成都西边的吐蕃统治地区。 ⑪ 邛崃关：即今四川荥经县西南大关。

治台登①,以夺蛮险。……

于是二边寖惧②,南诏请还所俘掠四千人,吐蕃维州将悉怛谋以城降③。维距成都四百里,因山为固,东北繇索丛岭而下二百里,地无险,走长川不三千里,直吐蕃之牙,异时戍之,以制虏入者也。德裕既得之,即发兵以守,且陈出师之利。僧孺居中沮其功,命返悉怛谋于虏,以信所盟,德裕终身以为恨。会监军使王践言入朝,盛言悉怛谋死,拒远人向化意。帝亦悔之,即以兵部尚书召,俄拜中书门下平章事,封赞皇县伯④。……俄而宗闵罢,德裕代为中书侍郎、集贤殿大学士⑤。……

后帝暴感风,害语言。郑注始因王守澄以药进⑥,帝少间,又荐李训使待诏⑦,帝欲授谏官,德裕曰:"……训小人,顷咎恶暴天下⑧,不宜引致左右。"帝曰:"人谁无过,当容其改。且逢吉尝言之。"对曰:"圣贤则有改过,若训天资奸邪,尚何能改?逢吉位宰相,而顾爱凶回⑨,

① 台登:县名,今四川冕宁县南泸沽。 ② 二边:指吐蕃、南诏。 ③ 怛:音 dá 达。 ④ 赞皇:县名,今河北赞皇。 ⑤ 集贤殿大学士:唐开元十三年置集贤殿书院,隶于中书省,以宰相一人为学士知院事。 ⑥ 王守澄:大宦官,《旧唐书》、《新唐书》有传。 ⑦ 待诏:指在翰林院待诏,以备顾问。 ⑧ 顷咎恶暴天下:指李训原名李仲言,曾因事被流放,文宗即位后才因赦得回。 ⑨ 回:奸邪。

以累陛下，亦罪人也！”帝语王涯别与官，德裕摇手止涯，帝适见，不怿①。训、注皆怨，即复召宗闵辅政，拜德裕为兴元节度使②。入见帝，自陈愿留阙下，复拜兵部尚书。宗闵奏：“命已行，不可止。”更徙镇海军以代王璠③。

先是大和中，漳王养母杜仲阳归浙西④，有诏在所存问⑤。时德裕被召，乃檄留后使如诏书。璠入为尚书左丞，而漳王以罪废死，因与户部侍郎李汉共谮德裕尝赂仲阳导王为不轨⑥。帝惑其言，召王涯、李固言、路隋质之⑦。注、璠、汉三人者语益坚，独隋言：“德裕大臣，不宜有此。”谗焰少衰。遂贬德裕为太子宾客分司东都，复贬袁州长史⑧，隋亦免宰相。未几，宗闵以罪斥，而注、训等乱败。帝追悟德裕以诬构逐，乃徙滁州刺史⑨，又以太子宾客分司东都。开成初，帝从容语宰相：“朝廷岂有遗事

---

① 怿(yì 译)：喜悦。 ② 兴元节度使：即山南西道节度使，因为治所在兴元府，可以这么说，兴元府治所在今陕西汉中。 ③ 镇海军：镇海军节度使，原名浙江西道观察使，治所在今江苏镇江。王璠：《旧唐书》、《新唐书》有传。 ④ 漳王：穆宗第六子李凑，文宗之弟，封漳王，文宗大和五年(831 年)被诬告与宰相宋申锡谋反，被贬，大和八年(834 年)死，后追赠怀懿太子。《旧唐书》、《新唐书》有传。 ⑤ 存问：慰问、照顾。 ⑥ 李汉：《旧唐书》、《新唐书》有传。 ⑦ 李固言、路隋：《旧唐书》、《新唐书》均有传。 ⑧ 袁州：治所在今江西宜春。⑨ 滁州：治所在今安徽滁州。

乎?”众进以宋申锡对①。帝俯首涕数行下,曰:“当此时,兄弟不相保,况申锡邪?有司为我褒显之。”又曰:“德裕亦申锡比也。”起为浙西观察使②。……

德裕三在浙西,出入十年,迁淮南节度使,代牛僧孺。僧孺闻之,以军事付其副张鹭,即驰去。……武宗立,召为门下侍郎同中书门下平章事。……寻册拜司空。

回鹘自开成时为黠戛斯所破③。会昌后,乌介可汗挟公主牙塞下④,种族大饥,以弱口、重器易粟于边⑤。退浑、党项利虏掠⑥,因天德军使田牟上言⑦,愿以部落兵击之。议者请可其奏,德裕曰:“回鹘于国尝有功,以

① 宋申锡:《旧唐书》、《新唐书》有传。 ② 浙西观察使:浙江西道节度使曾改为观察使。 ③ 回鹘(hú 胡):回纥在唐德宗贞元四年(788 年)自请改称回鹘。黠戛(jiá 荚)斯:古族名,主要在今叶尼塞河上游流域,从事畜牧、兼营农业和狩猎。后在公元十至十二世纪移居天山西部地区,与当地居民融合为今柯尔克孜族和中亚的吉尔吉斯人。 ④ 乌介可汗:回鹘内乱中所立的可汗。公主:太和公主,唐穆宗的第十妹,嫁给回纥的登逻骨设密施合毗伽可汗,此时这位可汗已病故。 ⑤ 弱口:老弱的牲口。重器:国家的宝器。 ⑥ 退浑:八世纪中叶吐谷浑部落分散后,河东称吐谷浑为退浑。党项:古族名,羌人的一支,唐时他们居住到甘肃、宁夏、陕北一带,从事畜牧。 ⑦ 天德军:军镇,约在今内蒙古乌拉特前旗北五加河东岸。

穷来归，未辄扰边，……不如与之食，以待其变。”陈夷行曰[1]：“资盗粮，非计也，不如击之便。”德裕曰：“沙陀[2]、退浑，不可恃也。夫见利则进，遇敌则走，杂虏之常态[3]，孰肯为国家用邪？天德兵素弱，以一城与劲虏确[4]，无不败。请诏牟无听诸戎计。”帝于是贷粟三万斛。会嗢没斯杀赤心以降[5]，赤心兵溃去。于是回鹘势穷，数丐羊马，欲借兵复故地，又愿假天德城以舍公主，帝不许。乃进逼振武保大栅杷头峰[6]，以略朔川，转战云州[7]。刺史张献节婴城不出，回鹘乃大掠，党项、退浑皆保险莫敢拒。帝益知向不许田牟用二部兵之效，乃复问以计，德裕曰：“杷头峰北皆大碛，利用骑，不可以步当之。今乌介所恃公主尔，得健将出奇夺还之，王师急击，彼必走。今锐将无易石雄者[8]，请以蕃浑劲卒与汉兵衔枚夜击之[9]，势必得。”帝即以方略授刘沔[10]，令雄邀击可汗于杀

① 陈夷行：《旧唐书》、《新唐书》有传。 ② 沙陀：古部落名，西突厥别部，居住在今新疆尼赤金山之阳，巴里坤湖以东。 ③ 杂虏：虏指少数民族，杂虏指众多的不仅一个种族的少数民族。 ④ 确(què)：较力，角胜负。 ⑤ 嗢没斯：回鹘乌介可汗的部属。赤心：回鹘的宰相。 ⑥ 振武：振武军，驻于今内蒙古托克托县。 ⑦ 云州：治所在今山西大同。 ⑧ 石雄：《旧唐书》、《新唐书》有传。 ⑨ 蕃：当作蕃，西北少数民族的泛称。浑：指退浑。衔枚：枚之状如箸，横衔口中，以禁喧嚣。 ⑩ 刘沔：时任河东节度使，《旧唐书》、《新唐书》有传。

胡山，败之，迎公主还，回鹘遂败。进位司徒。……

泽潞刘从谏死①，其从子稹擅留事②，以邀节度。德裕曰："泽潞内地，非河朔比③，昔皆儒术大臣守之。李抱真始建昭义军④，最有功，德宗尚不许其子继。及刘悟死⑤，敬宗方怠于政，遂以符节付从谏。大和时，擅兵长子⑥，阴连训、注⑦，外托效忠，请除君侧⑧。及有狗马疾⑨，谢医拒使⑩，便以兵属稹。舍而不讨，无以示四

---

① 泽潞：泽潞节度使，即昭义军节度使，治所潞州在今山西长治。刘从谏：昭义军节度使，《旧唐书》、《新唐书》有传。② 从子稹：刘从谏的侄儿刘稹，《旧唐书》、《新唐书》有传。留：节度使留后。③ 泽潞……河朔比：河朔指在河北地区的幽州、魏博、成德三节度使，他们都是安史残余势力所建立，名义上归属唐朝，实际上父子世袭，半独立性质，和内地的泽潞不一样。④ 李抱真：《旧唐书》、《新唐书》有传。⑤ 刘悟：刘从谏的父亲，《旧唐书》、《新唐书》有传。⑥ 长子：县名，今山西长子。⑦ 训、注：发动甘露之变的李训及郑注，李德裕是反对李训、郑注的。⑧ 外托……除君侧：甘露之变李训、郑注等被宦官仇士良杀害后，宦官气焰十分嚣张，刘从谏上表为李训等说话，以清君侧来吓唬宦官，宦官才稍微收敛一些。这里的除君侧就是清君侧，即用兵力来清除皇帝身边的坏人。李德裕对刘从谏这种做法也是反对的。⑨ 狗马疾：疾病的贱称。⑩ 谢医拒使：据《新唐书》的刘从谏传，刘从谏已病死，朝廷派医生和慰问的中使即宦官前来，刘稹拒绝他们进入。

方。”帝曰：“可胜乎？”对曰：“河朔，稹所恃以唇齿也①。如令魏、镇不与②，则破矣。……”帝然之。乃以李回持节谕王元逵、何弘敬③，皆听命，始议用兵。……德裕每疾贞元、大和间有所讨伐，诸道兵出境，即仰给度支，多迁延以困国力④。或与贼约，令懈守备，得一县一屯以报天子，故师无大功。因请敕诸将，令直取州，勿攻县。故元逵等下邢、洺、磁⑤，而稹气索矣。……未几，郭谊持稹首降⑥。帝问：“何以处谊？”德裕曰：“稹竖子，安知反？职谊为之。今三州已降，而稹穷蹙⑦，又贩其族以邀富贵，不诛，后无以惩恶。”帝曰：“朕意亦尔。”因诏石雄入潞，尽取谊等及尝为稹用者悉诛之。策功拜太尉，进封赵国公，……改卫国公。……

宣宗即位，德裕奉册太极殿。帝退谓左右曰：“向行事近我者，非太尉邪？每顾我，毛发为森竖⑧。”翌日，罢

---

① 唇齿：唇齿相依，比喻关系密切，互相依靠。 ② 魏：魏博节度使。镇：成德军节度使，也叫恒冀节度使，穆宗李恒改恒州为镇州，所以又叫镇冀节度使。 ③ 王元逵：成德军节度使，《旧唐书》、《新唐书》有传。何弘敬：魏博节度使，《旧唐书》、《新唐书》有传。 ④ 迁延：拖延。 ⑤ 邢：邢州，治所在今河北邢台。洺：洺州，治所在今河北永年东南。磁：磁州，治所在今河北磁县。 ⑥ 郭谊：昭义军大将，《新唐书》有传。⑦ 穷蹙：无路可走。 ⑧ 毛发为森竖：因恐怖而毛发耸立。

为检校司徒同中书门下平章事、荆南节度使①。俄徙东都留守。白敏中、令狐绹、崔铉皆素仇②，大中元年，使党人李咸斥德裕阴事，故以太子少保分司东都③，再贬潮州司马④。明年，又导吴汝纳讼李绅杀吴湘事⑤，而大理卿卢言、刑部侍郎马植、御史中丞魏扶言⑥："绅杀无罪，德裕徇成其冤⑦，至为黜御史⑧，罔上不道⑨。"乃贬为崖州司户参军⑩。明年卒，年六十三。……

懿宗时，诏追复德裕太子少保、卫国公，赠尚书左仆射，距其没十年。……

---

① 荆南节度使：治所在今湖北江陵。 ② 令狐绹（táo 淘）、崔铉（xuán 玄）：《旧唐书》、《新唐书》均有传。 ③ 太子少保：太子东宫的名誉性高级官员。 ④ 潮州：治所在今广东潮安。 ⑤ 吴汝纳讼李绅杀吴湘事：吴汝纳，《旧唐书》有传。李绅：《旧唐书》、《新唐书》有传。吴湘：吴汝纳弟。唐宣宗大中元年九月前永宁县尉吴汝纳申诉吴湘在会昌四年任扬州江都县尉时被节度使李绅诬奏赃罪，宰相李德裕偏私李绅判吴湘死罪。 ⑥ 大理卿：唐代大理寺是中央最高审判机关，负责中央百官犯罪及京师徒刑以上案件的审理，重审刑部转来的地方死刑案件。长官叫卿，副职为少卿。马植：《旧唐书》、《新唐书》有传。 ⑦ 徇（xùn 训）：偏私，曲从。 ⑧ 黜御史：当时御史崔元藻复审吴湘一案，没有照李德裕的旨意办，被李德裕奏贬崖州任司户。 ⑨ 不道：无道，悖逆于常道。 ⑩ 崖州：治所在今海南琼山东南，在唐宋时是贬逐官员的最坏去处。

【翻译】

李德裕，字文饶，元和年间宰相李吉甫的儿子。小时候尽力于学业，成年后卓荦有大志，不喜欢与诸生参加科举考试，以门荫补授校书郎。河东节度使张弘靖用他为掌书记，张弘靖罢任，他被召回任监察御史。

穆宗即位，擢任翰林学士。穆宗做太子时就听说李吉甫的大名，因此厚待李德裕，凡是重大的号令文告，都由李德裕经手草拟，多次召见他，奖赏优厚。……又进升中书舍人。不久，授御史中丞。

当初，李吉甫相宪宗，牛僧孺、李宗闵对直言策，策里痛斥宰相，条陈时政失误。李吉甫向皇帝诉说了这件事，而且哭了，有司都因此得罪，就和牛僧孺、李宗闵结下了怨仇。李吉甫又给宪宗谋划讨伐两河叛将，李逢吉从中破坏了这一建议，事情还没有结果而李吉甫死了，由裴度来继承着办。李逢吉因为意见不合被罢去宰相，所以追恨李吉甫并怨恨裴度，排挤李德裕不让他进用。这时，李逢吉乘穆宗昏庸，引诱裴度使与元稹相怨，夺取裴度的宰相由自己代替。还想引进牛僧孺树立党羽，就排挤李德裕任浙西观察使。不久牛僧孺入朝任宰相，从此结下了牛、李之间的怨恨。……

大和三年(829 年)，召回李德裕任兵部侍郎。裴度推荐李德裕的才能可以当宰相。而李宗闵靠了宦官的帮助，先当上了宰相，并且受到皇帝的信任，于是排挤李德裕出任郑滑节度使，引用牛僧孺相助，罢掉了裴度的宰相。这李宗闵、牛僧孺二怨相济，凡是和李德裕交好的，都被赶出朝廷。于是这二人权震天下，朋党牢不可破了。

过了二年，李德裕被调任剑南西川节度使。蜀地自从南诏入侵，杜元颖被打败，用郭钊替代他，有病办不了事，百姓失业，民不聊生，李德裕来到，修补残破激励懦怯，都安排得井井有条。成都既已南边失去姚、协，西面丢掉维、松，从清溪以上至沫水向左，都被南诏占领。当初，韦皋招徕南诏，收复嶲州，送去内地的大量东西与南诏结好，向他们传授战阵文法。李德裕认为这是韦皋资助敌人引动入侵之心，做法是错误的，已养了痈疽，只是还没有溃决。到了杜元颖时，就乘机而发，长驱直入，蹂躏千里，寸草不留。至今创痕尚新，如果不痛加纠正，不能洗刷一方耻辱。于是建造筹边楼，按照南道山川险要与南诏相通的绘在楼的左边，西道与吐蕃相连的绘在楼的右边，其中部落的多少，运输道路的远近，都非常详尽。就召集熟习边防的人指点着地图商量订正，凡是敌人的情况都已知道。又挑拣不怕瘴气的旧獠和州兵中能打仗的，把不听话的和年老的淘汰十分之三四，没人敢发怨言。又从安定请来制甲工匠，从河中请来制弓工匠，在浙西请来制弩工匠，从此蜀地兵器都坚实锋利。二百户中抽调一人，让练习战斗，免除这些人的赋税，平静时就农耕，紧急时就作战，称为雄边子弟。精兵有南燕保义、保惠、两河慕义、左右连弩，骑兵有飞星、鸷击、奇锋、流电、霆声、突骑，总共十一军。修筑杖义城，以扼制大渡水、青溪关的险要，建造御侮城，以控制荥经成犄角之势；建造柔远城，以扼制西山吐蕃；修复邛崃关，把嶲州治所迁至台登，以夺得南诏的险要。……

这时吐蕃、南诏逐渐害怕起来，南诏请求归还先前被他们掳掠去的四千人，吐蕃的维州守将悉怛谋举城投降。维州距离成都四百里，因山守险，东北由索丛岭往下二百里，地平无险，走长川不到三千里，可直达吐蕃之乐，将来戍守此城，可以阻止吐蕃入侵。李德裕一得到维州城，便发兵防守，并且陈述出兵的好处。牛僧孺在朝中阻止他成功，叫把悉怛谋送回给吐蕃，以表示信守盟约，李德裕终身以此为恨。适逢监军使王践言入朝，大讲悉怛谋送回被杀，断绝了边远人归化之心。文宗也后悔了，随即内任兵部尚书把李德裕召回，不久拜为中书门下平章事，封赞皇县伯。……不久李宗闵被罢免了宰相，李德裕取代他做了中书侍郎、集贤殿大学士。……

后来文宗突发感风，说话困难。郑注开始通过王守澄进献药物，文宗稍为好一些，又推荐李训使他待诏，文宗想授李训做谏官，李德裕说："……李训是小人，过恶才暴露于天下，不应该引近左右。"文宗说："人谁能没有过错，应当让他改正。况且李逢吉也给他说过话。"李德裕回答说："圣贤人则能改过，像李训这种天性奸邪的，还能改什么？李逢吉身任宰相，却偏偏爱护凶邪，以牵累陛下，也是罪人啊！"文宗嘱咐王涯另给李训一个官，李德裕摇手制止王涯，正好被文宗看见，很不高兴。李训、郑注都怨恨李德裕，就重新召回李宗闵当宰相，叫李德裕出任兴元节度使。李德裕进见文宗，自己陈述愿意留在京城，就重新任命他为兵部尚书。李宗闵上奏："命令已发，不可停废。"再改派李德裕为镇海军节度使代替王璠。

原先在大和年间，漳王的养母杜仲阳返回浙西，下有诏书让所在官员予以照顾。当时李德裕被召回朝廷，行文给留后叫按照诏书办理。王璠入朝当了尚书左丞，而漳王已因罪被废死去，王璠借此与户部侍郎李汉合谋诬陷李德裕曾贿赂杜仲阳引导漳王图谋不轨。文宗被这话迷惑了，召集王涯、李固言、路隋来落实此事。郑注、王璠、李汉三人说得更肯定，唯独路隋说："李德裕是大臣，不应该有这种事情。"谗毁者的气焰才稍有减弱。于是贬李德裕为太子宾客分司东都，又贬为袁州长史，路隋也被免去宰相。不久，李宗闵因罪被贬斥，而郑注、李训等作乱也失败。文宗回想起来，才醒悟到李德裕是因被诬陷逐出的，就改任他为滁州刺史，再以太子宾客分司东都。开成初年，文宗闲着对宰相说："朝廷有什么遗憾的事情吗？"大家回答宋申锡便是。文宗低下头流下几行眼泪，说："在那时，兄弟都不相保，何况宋申锡呢？有司该替我褒扬他。"又说："李德裕也是宋申锡之比。"起用李德裕为浙西观察使。……

李德裕曾三次在浙西，出入前后十年，迁任淮南节度使，代替牛僧孺。僧孺知道后，把军事交给节度副使张鹭，便匆匆离去。……武宗即位，召李德裕任门下侍郎同中书门下平章事。……不久拜为司空。

回鹘从开成年间被黠戛斯所击败。会昌以后，回鹘的乌介可汗带着太和公主到塞下树牙，种族缺粮挨饿，拿老弱的牲口和贵重的宝器在边地换取谷物。退浑和党项想去掳掠，通过天德军使田牟上奏，自愿出动他们的部落攻打回鹘。商议的提出要同意这奏请，李德裕说："回鹘对国家曾经有过功劳，现在因穷困前来投靠，没有随便骚扰边境，……不如给他们粮食，看以后事情有没有变化。"陈夷行说："把粮食资助寇盗，不是好办法，不如攻打他们好。"李德裕说："沙陀、退浑，是不能依赖的。他们见利就进，遇敌就跑，这是杂虏的常态，谁肯为国家所用啊？天德军的兵力一向薄弱，以一城与强虏角胜负，没有不败的。请下诏田牟不要听信诸戎的话。”于是武宗借给回鹘三万斛粮食。不久乌介可汗的部下嗢没斯杀掉宰相赤心来投降，赤心的兵溃散。于是回鹘穷途无路，屡次乞讨羊马，想借兵收复故土，又希望借天德城让太和公主住，武宗不准许。回鹘便进逼振武军的保大栅杷头锋，以侵略朔川，转战云州。云州刺史张献节据城守御不出战。回鹘就大肆掠夺，党项、退浑都只守住险要不敢抵拒。这样武宗更加清楚过去不许田牟用党项、退浑二部兵的好处，就再向李德裕询问计策，李德裕说：“杷头峰以北都是大沙漠，有利于用骑兵，不能用步兵来对付。现在乌介可汗所依靠的只是太和公主，得一位健将出奇地把太和公主夺回，官军迅速进攻，他必然逃跑。现在最精锐的使将无过于石雄，请用藩浑劲卒与汉兵夜间衔枚偷袭，一定能得胜。”武宗就把这一方案交给刘沔，叫石雄拦击乌介可汗于杀胡山，把他打败，迎回了太和公主，回鹘就此溃败。李德裕进位为司徒。……

泽潞节度使刘从谏死了，他的侄儿刘稹自称节度留后，要就此求取节度使。李德裕说：“泽潞是内地，与河朔不同，过去都由文儒大臣任职。李抱真开始建立昭义军，最有功劳，德宗尚且不许他的儿子继承，等刘悟死时，正值敬宗懒于过问政事，就把符节给了刘从谏。大和年间，刘从谏屯兵于长子，暗中勾结李训、郑注，表面上假托效忠，安清君侧。到有病时，拒绝派去的医生中使，就把兵权交给刘稹，今天不去讨伐，无法号令四方。”武宗说：“可以取胜吗？”回答说：“河朔，是刘稹所依以为唇齿的。如果能叫魏博、镇冀不帮助他，就可以攻破了。……”武宗认为说得对。于是叫李回持节宣喻王元逵、何弘敬，都听从命令，才讲用兵。……李德裕常恨贞元、大和间有所征讨，各道兵马一出境，就依赖度支，多拖延时间使国力受困。有的还和贼寇相约，叫松懈守备，占领了一县一屯来向天子报捷，所以出兵立不了大功。于是请敕令将领们，要直接攻取州城，不要攻打县城。所以王元逵等攻下邢、洺、磁三州，刘稹的气焰就尽了。……没多久，郭谊提着刘稹的头投降。武宗问：“怎样处置郭谊？”李德裕说：“刘稹是竖子，哪懂得谋反？主谋其实是郭谊。今三州已降，而刘稹穷窘，郭谊又出卖刘氏家族来求取富贵，不杀他，以后无法惩治恶人。”武宗说：“朕的意思也是这样。”便下诏叫石雄进入潞州，把郭谊等和曾为刘稹出力的统统杀掉。论功李德裕拜为太尉，进封赵国公。……改封卫国公。……

宣宗即位，李德裕在太极殿进奉诏册。宣宗退朝后对左右说：“刚才行礼靠近我的，不就是太尉吗？他每次看我，我毛发都为之森竖。”第二天，把李德裕罢为检校司徒同中书门下平章事、荆南节度使。不久又迁任东都留守。白敏中、令狐绹、崔铉都和李德裕平素有仇，大中元年，使同党李咸指斥李德裕的阴私。因此李德裕改以太子少保分司东都任职，再贬为潮州司马。明年，又指使吴汝纳申诉李绅杀吴湘一案，而大理卿卢言、刑部侍郎马植、御史中丞魏扶说：“李绅杀害无罪者，是李德裕徇私成此案，甚至为此黜贬御史，欺罔皇上不道。”于是贬为崖州司户参军事。明年去世，年六十三岁。……

懿宗时，下诏恢复李德裕的太子少保、卫国公，追赠尚书左仆射，这时距离他去世已经十年了。……

宦者杨复光传

宦官本是皇帝的家内奴隶，但家内奴隶获得宠信后便成为主子的鹰犬，唐代的宦官正是如此。而且由于他们是动过手术失去生殖能力的人，没有称王称帝的可能，对皇帝一般不存在威胁，因而皇帝对他们的宠信也往往超过了对宰相和其他文臣武将。这个杨复光就是唐朝后期掌过大权的宦官，在镇压黄巢起义中，很多大将都得受他指挥，而他也确实替唐朝皇室尽了力，成为一头顶用的鹰犬。（选自卷二〇七）

杨复光，闽人也①，本乔氏。有武力，少养于内常侍杨玄价家②，颇以节谊自奋，玄价奇之。宣宗时，玄价监盐州军③，诬杀刺史刘皋，皋有威名者，世讼其冤。稍迁左神策军中尉，谮去宰相杨收④，权宠震时。

复光有谋略，累监诸镇军。乾符初，佐平卢节度使曾元裕击贼王仙芝⑤，败之。招讨使宋威击仙芝于江西⑥，复光在军，请判官吴彦宏约贼降⑦，仙芝遣将尚君长自缚如约。威疾其功，密请僖宗诛之，故仙芝怨，复引兵叛。后天子寤威阶祸，罢之，以兵与复光，乃进禽徐唐莒。王铎为招讨⑧，复光仍监军。铎之弃荆南也⑨，山南东道节度使刘巨容定其地⑩，以忠武别将宋浩领荆南⑪，

① 闽：秦在今福建设置闽中郡，因而以后通称这一地区为闽。 ② 内常侍：宦官办公机构内侍省的官员。 ③ 盐州：治所在今陕西定边。 ④ 杨收：《旧唐书》、《新唐书》有传。 ⑤ 平卢节度使：平卢节度使在肃宗上元二年（761年）被迫南迁淄青，叫淄青平卢节度使，治所在今山东青州。曾元裕：《新唐书》有传。王仙芝：唐末农民起义军在黄巢之前的主要领袖，事见《旧唐书》、《新唐书》的黄巢传。 ⑥ 宋威：《新唐书》有传。江西：江南西道的简称。 ⑦ 判官：唐代节度、观察等使都设有判官，作为僚属佐理政事。 ⑧ 王铎：《旧唐书》、《新唐书》有传。 ⑨ 荆南：荆南节度使，治所在今湖北江陵，当时以荆南节度使充诸道兵马都统。 ⑩ 山南东道节度使：治所在今湖北襄阳。刘巨容：《新唐书》有传。 ⑪ 忠武：即忠武军节度使，治所在今河南许昌。

泰宁将段彦谟佐之①。复光父尝监忠武军，而浩已为大将，见复光，少之，不为礼，彦谟亦耻居浩下，遂有隙。复光曰："胡不杀之？"彦谟引劚士击杀浩，复光以客常滋假留后②，而奏浩罪，荐彦谟为朗州刺史③。诏郑绍业为荆南节度使，以复光监忠武军，屯邓州，遏贼右冲④。帝西幸⑤，召绍业见行在，复光便引彦谟为荆南节度使。彦谟绐行边⑥，诣复光，以黄金数百两为谢。其后忠武周岌受贼命⑦，尝夜宴，召复光，左右曰："彼既附贼，必不利公，不如毋行。"复光固往，酒所语时事，复光泣曰："丈夫所感，独恩与义耳，彼不顾恩义，规利害，何丈夫哉！公奋匹夫封侯，乃捐十八叶天子⑧，北面臣贼，何恩义利害昧昧耶⑨？"岌流涕曰："吾力不足，阳合而阴离之，故召公计。"因持杯盟曰："有如酒！"即遣子守亮斩贼使于传

① 泰宁：泰宁军节度使，治所在今山东兖州。 ② 客：外来投靠的。 ③ 朗州：治所在今湖南常德。 ④ 贼：指黄巢领导的农民起义军。 ⑤ 帝西幸：黄巢占领长安。僖宗出逃。 ⑥ 绐（dài 怠）：谎言。行边：查看边防。 ⑦ 岌：音 jí 及。 ⑧ 十八叶天子：唐自高祖、太宗、高宗、中宗、睿宗、玄宗、肃宗、代宗、德宗、顺宗、宪宗、穆宗、敬宗、文宗、武宗、宣宗、懿宗到僖宗共十八个皇帝，叶就是世，十八叶天子就是十八世皇帝。 ⑨ 昧昧：昏暗貌。

舍①。秦宗权据蔡州叛②，茇、复光以忠武兵三千入见之，宗权即遣部将王淑持兵万人从。复光定荆、襄③，师次邓。淑逗留，复光斩之，并其军为八，以鹿宴弘、晋晖、张造、李师泰、王建、韩建等为之将④，进攻南阳⑤，贼将朱温，何勤逆战⑥，大败，遂收邓州，追北蓝桥⑦，会母丧，班师。俄起为天下兵马都监，总诸军，与东面招讨使王重荣并力定关中⑧。朱温守同州⑨，复光遣使镌喻⑩，温以所部降。方贼之强，重荣忧不知所出，谓复光曰："臣贼邪，且负国；拒战邪，则兵寡。奈何？"复光曰："李克用与我世共患难⑪，其为人奋不顾身。比数召未即至者，由太原道不通耳，非忍祸者。若谕上意，彼宜必来。"重荣

---

① 传舍：古代官办的供行人休止住宿之处。 ② 秦宗权：起初据蔡州抗拒黄巢，黄巢失败从长安东归时，秦宗权又与黄巢联合，但秦之军纪极坏，后为朱温擒杀，《旧唐书》、《新唐书》有传。 ③ 襄：襄州，治所在今湖北襄阳。 ④ 王建：前蜀的建立者，《新唐书》、《旧五代史》有传。韩建：《新唐书》、《旧五代史》、《新五代史》有传。 ⑤ 南阳：县名，今河南南阳。 ⑥ 朱温：本参加黄巢起义军，后背叛投唐，又灭唐建立五代第一个后梁朝，《旧五代史》、《新五代史》有纪。 ⑦ 追北：逐北，追逐败逃的兵，北指败逃。蓝桥：桥名，今陕西蓝田东南蓝溪之上。 ⑧ 王重荣：《旧唐书》、《新唐书》有传。 ⑨ 同州：治所在今陕西大荔。 ⑩ 镌喻：晓谕，劝说。 ⑪ 李克用：沙陀酋长，其子李存勖建立后唐朝，他被遵为太祖，《新唐书》有传，《旧五代史》、《新五代史》有纪。

曰："善。"自王铎以诏使至太原，克用兵乃出。京师平，以功加开府仪同三司、同华制置使①，封弘农郡公②，赐号"资忠辉武匡国平难功臣"。卒河中，赠观军容使③，谥曰忠肃。

复光御下有恩，军中闻其死，皆恸哭，而麾下多立功者。诸子为将帅数十人，守宗亦为忠武节度使④。

【翻译】

杨复光，是闽人，本来姓乔。有武力，小时候养育在内常侍杨玄价家，很以节义自励，杨玄价认为很不容易。宣宗时，杨玄价监盐州军，诬陷杀害刺史刘皋，刘皋是有威名的，世人都诉说他冤枉。不久杨玄价升任左神策军中尉，诬陷逐去宰相杨收，权势宠信震于一时。

杨复光有谋略，多次出任藩镇的监军。僖宗乾符初年，帮助平卢节度使曾元裕攻打王仙芝，把他打败。招讨使宋威又在江西打王仙芝，杨复光在军中，请判官吴彦宏去约对方投降，王仙芝派将领尚君长按约自缚归

---

① 同华：指同州、华州。 ② 弘农郡：虢州在天宝时曾改称弘农郡。 ③ 观军容使：为监视出征将帅的高级军职，以宦官之掌权者充任。唐末掌握军权的宦官多兼此职。 ④ 守宗：杨复光的养子杨守宗。

降，宋威妒忌杨复光的功，秘密奏请求僖宗把尚君长杀掉，为此王仙芝怨恨，又带兵反叛。后来僖宗明白是宋威酿祸，罢掉他的官，把兵交给杨复光，杨复光就进军，擒获徐唐莒。王铎任招讨，杨复光仍任监军。王铎丢失荆南，山南东道节度使刘巨容收复其地，派忠武军别将宋浩去统领荆南，泰宁军将段彦谟去协助。杨复光的父亲曾经监过忠武军，那时宋浩已经是大将，见了复光，看不起，对他很不礼貌，段彦谟也耻于位居宋浩之下，他们和宋浩之间就有隔阂。杨复光说："为什么不把宋浩杀掉？"段彦谟带了勇士把宋浩杀死，杨复光派外来的常滋代理节度使留后，而上奏宋浩的罪过，推荐段彦谟为朗州刺史，下诏叫郑绍业任荆南节度使，叫杨复光监忠武军，驻屯在邓州，阻挡黄巢军的右翼。僖宗西幸，在行在召见郑绍业，杨复光再引用段彦谟为荆南节度使。彦谟借口查看边防，到杨复光那里，拿出黄金几百两作为酬谢。后来忠武军的周岌接受黄巢的命令，曾经晚上宴客，召杨复光前往，杨复光左右说："他既已附贼，必然对公不利，不如不去。"杨复光坚持去了，酒席间谈论时事，杨复光流泪道："大丈夫所感动，只有恩和义而已，那种不顾恩义，只考虑利害，算什么丈夫呀！公以匹夫奋起而封侯，却抛弃十八叶的天子，北面向贼称臣，怎么对恩义利害如此糊涂呢？"周岌流泪道："我力量不够，表面上附和暗地里想反对，所以请公来商量。”于是举杯盟誓道：“有如这酒！”杨复光随即派他的养子杨守亮去传舍杀死黄巢的使者。秦宗权据蔡州反叛，周岌、杨复光带了三千忠武兵进入蔡州见秦宗权，秦宗权就派部将王淑带兵万人跟随他们，杨复光平定荆、襄二州，兵马进驻邓州。王淑逗留不前进，杨复光把他杀掉，把他的兵马并过来分成八军，任鹿宴弘、晋晖、张造、李师泰、王建、韩建等人为这八军的将领，进攻南阳。贼将朱温、何勤前来迎战，大败，杨复光就收复邓州，乘胜追赶到蓝桥。遇上杨复光的母亲去世，班师。不久起用为天下兵马都监，总领各军，和东面招讨使王重荣联合起来准备平定关中。朱温在同州镇守，复光派使者晓喻，朱温率领所部归降。这时黄巢正强大，王重荣忧虑得没有办法，对杨复光说：“对贼称臣，则背负国家；拒战，则兵力寡少。怎么办？”杨复光说：“李克用和我家世代共患难，他为人奋勇不顾身。前此多次征召没见马上到来，是因为太原的道路不通，不是见死不救。如果让他知道圣上的旨意，他一定会来。”王重荣说：“好。”告诉王铎叫派使者拿诏书到太原，李克用的兵马就出动。京师平定，杨复光因功加开府仪同三司、同华制置使，封弘农郡公，赐号“资忠辉武匡国平难功臣”。在河中去世，加赠观军容使，谥号叫忠肃。

杨复光统率士卒有恩，军中听说他死了，都痛哭，他的部下有很多都立了战功的。他的养子做将帅的有几十人，养子杨守宗也做到忠武军节度使。

奸臣崔胤传

自从玄宗朝宦官得势后，宦官和宰相之间，也就是所谓内廷与外朝之间的矛盾斗争就一直没有停息过。有时候宰相中的某一派投靠宦官而另一派和宦官斗，有时候宦官中又分出派别为宰相利用而互相斗。由于宦官以神策中尉的身份掌握着禁军，所以总的说来宰相屈居于下风。到黄巢起义后，神策军名存实亡，而少数节度使的实力超过了中央，于是宰相和宦官分别找节度使做靠山。最后是宰相崔胤引进宣武军节度使朱全忠即朱温的兵力歼灭宦官，而朱温又乘机杀死崔胤灭掉唐朝而建立了梁朝，梁、唐、晋、汉、周的五代时期就开始了。至于崔胤

本人总还算是一个封建社会的政治人物，《新唐书》把它编进《奸臣传》里，是有点冤枉的。（选自卷二二三）

崔胤，字垂休，宰相慎由子也①。擢进士第，累迁中书舍人、御史中丞。喜阴计，附离权强②，其外自处若简重，而中险谲可畏③。崔昭纬屡荐之④，由户部侍郎同中书门下平章事。方王珙兄弟争河中⑤，以胤为节度使，不得赴。半岁，复以中书侍郎留辅政。及昭纬以罪诛，罢为武安节度使⑥，陆扆当国⑦。时王室不竞，南、北司各树党结藩镇⑧，内相凌胁。胤素厚朱全忠，委心结之。全忠为言胤有功，不宜处外，故还相而逐扆。

光化初，昭宗至自华，务安反侧。而胤阴为全忠计，俾擅兵四讨。帝丑其行，罢为吏部尚书，复依扆以相。

---

① 慎由：崔慎由，《旧唐书》、《新唐书》有传。 ② 附离：依附。 ③ 谲（jué 决）：诡诈。 ④ 崔昭纬：《旧唐书》、《新唐书》有传。 ⑤ 王珙（gǒng 巩）：《新唐书》有传。 ⑥ 武安节度使：原为湖南观察使，后升为钦化军节度使，又改武安军节度使。 ⑦ 陆扆（yǐ 以）：《旧唐书》、《新唐书》有传。 ⑧ 南、北司：唐代皇帝所住的宫城和大明宫都在长安城北，政府官署设在皇城与宫城和大明宫之南，因此习惯上称宰相为首的外朝为南司、南衙，称在宫廷里的宦官为内廷、为北司。南衙、北司之争就是指这两股政治势力之争。

会清海无帅[1]，因拜胤清海节度使。始，昭纬死，皆王抟等白发其奸，胤坐是赐罢，内衔憾。既与抟同宰相，胤议悉去中官，抟不助，请徐图之。及是不欲外除，即漏其语于全忠，令露劾抟交敕使共危国[2]，罪当诛。胤次湖南[3]，召还守司空、门下侍郎平章事，兼领度支、盐铁、户部使[4]，而赐抟死，并诛中尉宋道弼、景务修。由是权震天下，虽宦官亦累息[5]。至是四拜宰相，世谓"崔四入"。

刘季述幽帝东内[6]，奉德王监国[7]。畏全忠强，虽深怨胤，不敢杀，止罢政事。胤趣全忠以师西[8]，问所以幽帝状。全忠乃使张存敬攻河中，掠晋、绛[9]。神策军大将孙德昭常忿阉尹废辱天子[10]，胤令判官石戬与游，乘间伺

---

① 清海：乾宁二年(895 年)岭南东道节度使赐号清海节度使，治所在今广东广州。 ② 敕使：唐代也称宦官为敕使，因为宦官多为皇帝传达命令之故。 ③ 湖南：指原称湖南观察使的武安军节度使辖区。 ④ 度支、盐铁、户部使：唐中期以后特派大臣分判户部、度支、领盐铁使，这里指崔胤兼领这三使，独揽财权。 ⑤ 累息：屏息，害怕得连大气也不敢出。⑥ 刘季述：大宦官左神策中尉，《新唐书》有传。东内：唐人称皇帝常住的大明宫为东内、皇帝长久不住的大内宫城即太极宫为西内。 ⑦ 德王：昭宗长子皇太子李裕。监国：古代太子代君主主持政事，叫监国。 ⑧ 全忠以师西：朱全忠即朱温时任宣武军节度使，治所在今河南开封。从开封往西到长安，所以这里说"以师西"。 ⑨ 绛：绛州，治所在今山西新绛。 ⑩ 阉尹：先秦时也称宦官为阉尹。

察，德昭饮酣必泣。胤揣得其情，乃使戳说曰："自季述废天子，天下之人未尝忘，武夫义臣搏手愤惋[1]。今谋反者特季述、仲先耳[2]，它人劫于威[3]，无与也。君能乘此诛二竖复天子取功名乎？即不早计，将有先之者。"德昭感寤，乃告以胤谋，德昭许诺，胤斩带为誓。俄而季述、仲先诛，以功进司徒，不就，复辅政，并还使领。帝德之，延见或不名以字呼之，宠遇无比。

天复元年，全忠已取河中，进逼同华。中尉韩全海以胤与全忠善，恐导之剪除君侧，乃白罢政事，未及免，仓卒挟帝幸凤翔[4]。胤怨帝见废，不肯从，召全忠以兵迎天子，令太子太师卢渥率群臣迎全忠。始，全忠至华，遣幕府裴铸奏事，帝不得已，听来朝。至是胤为之谋，乃以兵迫行在。帝下诏趣还镇，因诏遣渥等俱西。全忠上表具言："向书诏皆出宰相，乃今知非陛下意，为所诖误[5]。师业入关，请得与李茂贞约释憾以迎乘舆。"茂贞劾奏："胤畜死士，用度支使榷利[6]，令亲信陈班与京兆府募兵保所居坊。天子出次，遣使者五辈往召，安卧不动，一奉表陈谢。"时帝见全忠表，亦大恚，因下诏显责之，以工部

---

① 搏手：用两手相拍击，表示没有办法。愤惋：悲愤惋惜。② 仲先：右神策中尉王仲先。 ③ 劫：胁逼。 ④ 凤翔：当时任凤翔节度使的李茂贞和宦官韩全海等相勾结。 ⑤ 诖（guà挂）误：贻误。 ⑥ 榷利：官府对某物品专卖以增加收入。

尚书罢知政事。胤出居华州①。

初，天复后宦官尤屈事胤，事无不咨。每议政禁中，至继以烛，请尽诛中官②，以宫人掌内司事③。韩全海等密知之，共于帝前求哀。乃诏胤后当密封，无口陈。中官益恐，滋欲得其谋，乃求知书美人宗柔等内左右以刺阴事。胤计稍露，宦者或相泣无憀④，不自安，劫幸之谋固矣。

居华时，为全忠数画丑计。全忠引兵还屯河中，胤迎谒渭桥⑤，奉觞为全忠寿，自歌以釂酒⑥。会茂贞杀全海等，与全忠约和。帝急召之，墨诏者四⑦，朱札三⑧，皆辞疾。及帝出凤翔，幸全忠军，乃迎谒于道，复拜平章事，进位司徒，兼判六军诸卫事⑨，诏徙家舍右军⑩，赐帷帐器用十车。胤遂奏："高祖、太宗无内侍典军，天宝后宦人寖盛，德宗分羽林卫为左右神策军，令宦者主之，以

---

① 华州：当时朱全忠已占领华州。② 中官：宦官的别称。③ 内司：指原来由宦官任职的内侍省所属各机构。④ 无憀（liáo 僚）：即"无聊"，无所依赖。⑤ 渭桥：在今陕西咸阳东北渭河上。⑥ 釂（jiào 叫）酒：釂是喝干杯中的酒。釂酒就是劝酒。⑦ 墨诏：通常的诏书，用墨笔书写。⑧ 朱札：皇帝用朱笔亲自书写的御札。⑨ 六军诸卫：六军指左右羽林军，左右龙武军，左右神武军，诸卫指十六卫，本都是禁卫军，但这时已徒有虚名。⑩ 右军：右神策军。

二千人为率①。其后参掌机密，至内务百司悉归中人，共相弥缝为不法②，朝廷微弱，祸始于此。请罢左右神策、内诸司使、诸道监军。”于是中外宦官悉诛，天子传导诏命，只用宫人宠颜等③。

帝之在凤翔，以卢光启、苏检为相④，胤皆逐杀之，分斥从幸近臣陆扆等三十馀人，惟裴贽孤立可制⑤，留与偕秉政。帝动静一决于胤，无敢言者。胤议以皇子为元帅，全忠副之，示褒崇其功。全忠内利辉王冲幼⑥，故胤借以请。帝曰：“濮王长⑦，若何？”还禁中，召翰林学士韩偓以谋⑧。偓阴佐胤，卒不能却。全忠还东，到长乐⑨，群臣班辞，胤独至霸桥置酒，乙夜乃还⑩。帝即召问：“全忠安否？”与饮，命宫人为舞剑曲，戊夜乃出⑪，赐二宫人，固让乃许。是时天子孤危，威令尽去，胤之劫持类如此。进侍中、魏国公。

---

① 率（lǜ律）：标准、规格。 ② 弥缝：弥补过失。 ③ 宠颜：宫人的名称。 ④ 卢光启：《新唐书》有传。 ⑤ 裴贽：《新唐书》有传。 ⑥ 辉王：昭宗第九子李祝，后朱全忠杀死昭宗，立他为皇帝，三年后被迫禅位给朱全忠，不久被杀，谥曰哀帝，是唐朝最后一个皇帝。冲：幼小。 ⑦ 濮王：当是德王李裕所改封。 ⑧ 韩偓：《新唐书》有传。 ⑨ 长乐：长乐坡，在今陕西西安东北、浐河西岸。 ⑩ 乙夜：二更时候，约为夜间10时。 ⑪ 戊夜：五更时候，约为凌晨4时。

自凤翔还，揣全忠将篡夺，顾已宰相，恐一日及祸，欲握兵自固，谬谓全忠曰："京师迫茂贞，不可无备，须募军以守。今左右龙武、羽林、神策，播幸之馀，无见兵，请军置四步将将二百五十人，一骑将将百人，使番休递侍。"以京兆尹郑元规为六军诸卫副使，陈班为威远军使，募卒于市。全忠知其意，阳相然许。胤乃毁浮图①，取铜铁为兵仗。全忠阴令汴人数百应募②，以其子友伦入宿卫③。会为球戏④，坠马死，全忠疑胤阴计，大怒。时传胤将挟帝幸荆、襄，而全忠方谋胁乘舆都洛⑤，惧其异议，密表胤专权乱国，请诛之。即罢为太子少傅。全忠令其子友谅以兵围开化坊第，杀胤，汴士皆突出，市人争投瓦砾击其尸，年五十一。元规、陈班等皆死，时天复四年正月。

胤罢凡三日死。死十日，全忠胁帝迁洛，发长安居人悉东，彻屋木自渭循河下⑥，老幼系路⑦，啼号不绝，皆大骂曰："国贼崔胤导全忠卖社稷，使我及此！"先是，全

① 浮图：这里指佛塔。 ② 汴人：这里指宣武军节度使管辖的战士，因为治所在汴州，所以称之为"汴人"。 ③ 友伦：朱友伦，《新五代史》有传。 ④ 球戏：是一种骑马打球的游戏。唐代很流行，宋明时仍有人玩。 ⑤ 乘舆：本指古代天子、诸侯所乘坐的车子，后来也作为皇帝的代称。 ⑥ 彻：通"撤"。 ⑦ 系：联属、接连不断。

忠虽据河南，顾强诸侯相持，未敢决移国。及胤间内隙，与相结，得梯其祸①，取朝权以成强大，终亡天下，胤身屠宗灭。……

【翻译】

崔胤，字垂休，是宰相崔慎由的儿子。考中了进士科，多次升迁任中书舍人、御史中丞。他喜欢玩阴谋，依附有权势者，外表看上去好像持重自处，而内心却诡险可怕。崔昭纬多次推荐他，使他做到户部侍郎同中书门下平章事。这时王珙兄弟争夺河中，派崔胤去做节度使，没有能去。半年后，又以中书侍郎留在朝中辅政。等到崔昭纬因罪被杀，崔胤也罢相去做武安军节度使，而陆扆做了宰相。这时王室衰微，南司和北司都各自树党交结藩镇，在内互相欺凌威胁。崔胤平素和朱全忠关系好，尽心和他结交。朱全忠帮着说崔胤有功，不应该外任。所以崔胤又回朝任宰相，把陆扆逐出。

光化初年，昭宗从华州回京，力求抚慰那些不安定的势力。但崔胤却暗地里为朱全忠打算，让他用兵四出征讨。皇上厌恶崔胤的做法，将他罢为吏部尚书，再次任用陆扆做宰相。适逢清海缺帅，就拜崔胤为清海节度

① 梯：阶梯，引申为导致事故。

使。当初，崔昭纬之死，都由于王抟等人揭发昭纬之奸，崔胤因此被罢相，内心记恨。等到与王抟同任宰相，崔胤商议把宦官统统除掉，王抟不支持，主张慢一点办。这时崔胤不想外任，就把王抟的话泄露给朱全忠，叫朱全忠上奏弹劾王抟勾结宦官危害国家，罪当诛。崔胤到达湖南，被召回任守司空、门下侍郎平章事，兼领度支、盐铁、户部三使，而赐王抟死，还杀了左右神策中尉宋道弼，景务修。崔胤自此权震天下，即使宦官对他也害怕得气不敢出。他这时已四次任宰相，世人称他为“崔四入”。

刘季述把昭宗幽禁在东内，把德王捧出来监国。畏惧朱全忠强大，虽然深怨崔胤，不敢杀，只罢掉了他的宰相。崔胤催促朱全忠带兵西进，责问昭宗被幽禁的事情。朱全忠就派张存敬进攻河中，侵掠晋州、绛州。神策军大将孙德昭气愤宦官废辱天子，崔胤叫判官石戬和孙德昭往来，趁机私下观察，发现孙德昭每当酒酣就哭泣。崔胤摸清情况，就叫石戬劝说道：“自从刘季述废天子，天下人未尝忘掉，义士武将搏手愤惋。现今谋反者只是刘季述、王仲先，其他的人是被胁逼，并非真的参与。您能乘机杀掉这两个竖子，使天子复位以取功名吗？如果不趁早打算，将会有人抢先。”德昭感动醒悟，石戬就把崔胤的谋划告诉他，孙德昭笑应了，崔胤斩断衣带立誓。不久刘季述、王仲先伏诛，崔胤因功授司徒，没有接受，仍旧任宰相，并恢复所领诸使。昭宗对他很感谢，召见他有时不叫他的名，而唤他的字，所受的宠遇没有人能相比。

天复元年(901 年)，朱全忠已攻取河中，进逼同州、华州。神策中尉韩全海认为崔胤与朱全忠关系好，怕他引导朱全忠来清君侧，就向皇帝请求罢掉崔胤的宰相，还没来得及罢掉，又急忙挟持昭宗去凤翔。崔胤怨恨昭宗要废他，不肯跟着去，召朱全忠带兵来迎回昭宗，叫太子太师卢渥率领群臣去迎接朱全忠。当初朱全忠到华州，派幕僚裴铸去奏事，昭宗出于不得已，听任他来朝。这时崔胤替他谋划，他就带兵进逼行在。昭宗下诏催促他回镇，并下诏叫卢渥等也西回。朱全忠上表道："前此诏书都出自宰相之手，今天知道并非陛下本意，是被别人所贻误。兵马业已入关，请能与李茂贞相约消除误会，迎接乘舆。"李茂贞劾奏道："崔胤畜养死士，凭借度支使来榷利，叫亲信陈班和京兆府的募兵护卫他所居住的坊里。天子出行，派使者五次去召他，他安卧不动，只上过一次表章陈谢。"这时，昭宗见到了朱全忠的表章，也大为生气，就下诏公开斥责，让崔胤任工部尚书而罢相职。崔胤出京去华州。

当初，天复后宦官对崔胤更加卑躬屈节，无事不向他禀告。崔胤常在宫禁讨论政事，直到点上蜡烛。崔胤建议把宦官统统杀掉，让宫人来掌管内司的事情。韩全海等人私下知道了，一起到昭宗面前哀求。昭宗就下诏叫崔胤以后奏事应当密封，不要口头陈说。宦官更加害怕，更想得知他的打算，就找来识字的美人宗柔等在昭宗左右，刺探机密，崔胤的计划稍稍泄露，宦官中有的相对哭泣无所依赖，不能自安，劫夺昭宗西幸之谋因此才确定下来。

崔胤在华州时，为朱全忠多次谋划奸计。朱全忠领兵回屯河中，崔胤去渭桥迎见，举着酒杯为朱全忠祝寿，亲自唱歌劝酒。不久李茂贞杀掉韩全海等人，和朱全忠相约和好。昭宗急于召见崔胤，下了四道墨诏、三道朱札，都借口有病，推却不去。等到昭宗出凤翔城，前往朱全忠军，崔胤才在路上迎见，重新拜受平章事，进位司徒，兼判六军诸卫事，下诏让他把家迁到右神策军中，赐给十车子的帷帐器用。崔胤于是上奏："高祖、太宗时没有内侍典军的事情，天宝以后宦官日盛，德宗分羽林卫为左右神策军，叫宦官统领，以三千人为准。以后又参掌机密，以致内务百司都归宦官掌握，互相弥缝干些不法的事情，朝廷微弱，祸始于此。请撤销左右神策、内诸司使、和诸道监军。"于是杀尽内外的宦官，天子诏令的传导，只用宠颜等宫人。

昭宗在凤翔时，任用卢元启、苏检为宰相，崔胤把他们都贬逐杀死，还分别贬斥了当时跟随皇帝的近臣陆扆等三十多人，只有裴贽孤立容易控制，留下和他一起执政。昭宗的一举一动都取决于崔胤，没有人敢说话的。崔胤建议让个皇子为元帅，朱全忠副之，以此表示对朱全忠功劳的褒崇。朱全忠利于辉王年幼，所以崔胤借此请求。昭宗说："濮王年长，怎么样？"回到宫禁，召见翰林学士韩偓谋划。偓暗地里帮助崔胤，终于没能抵制崔胤的建议。朱全忠要回到东边去，走到长乐坡，群臣排班送行，崔胤独自到霸桥为全忠备酒，二更天才回来。昭宗马上召见崔胤问道："全忠可安好？"和崔胤饮酒，叫宫人给他舞剑曲，五更时才出宫，赐给崔胤两个宫女，崔胤坚辞才允许。这时天子孤危，威令全失，崔胤胁逼把持大抵都像这样。又进崔胤为侍中、魏国公。

从凤翔回来以后，崔胤揣测朱全忠要篡夺，而自己是宰相，害怕有一天会受祸，想掌握兵权以图保全，假意对朱全忠说："京城受李茂贞的威胁，不能不没有防备，应该募兵防守。如今左右龙武军、羽林军、神策军，在天子播迁以后，已没有兵了，请求各军设置四名部将各自统带二百五十人，一名骑将统带一百人，使他们轮番侍卫。"任京兆尹郑元规为六军诸卫副使，陈班为威远军使，在市上召募士卒。朱全忠知道他的意图，假装同意。

崔胤于是毁浮图，取铜铁作兵器。朱全忠暗地里叫汴人几百名应募，让自己的儿子朱友伦入京宿卫。不久玩球戏，朱友伦坠马而死，朱全忠怀疑是崔胤的阴谋，大怒。当时传说崔胤将挟持昭宗出幸荆、襄，而朱全忠正在谋划胁逼昭宗定都洛阳，担心崔胤有异议，秘密上表说崔胤专权乱国，请杀掉他。崔胤立即被罢为太子少傅。朱全忠命令他的儿子朱友谅带兵包围崔胤在开化坊的宅第，杀掉崔胤。这时汴人应募的都突然出来，市民争相用瓦砾投掷崔胤的尸体，崔胤当时年五十一岁。郑元规、陈班等都被杀，当时是天复四年(904年)正月。

崔胤罢官三天就被杀。被杀后十天，朱全忠胁逼昭宗迁都洛阳，征发长安的居民都东迁，拆除房屋的木材从渭河顺着黄河往东流下，老幼不绝于道路，哭叫声不断，都大骂道："国贼崔胤引导朱全忠出卖国家，使我落到这地步！"先前，朱全忠虽然占据河南，只是由于和各路强诸侯相互对抗，没有敢下决心要倾移国祚。等到崔胤在内制造间隙，和他互相勾结，得导致祸害，取得朝权使自己更加强大，终于覆亡唐朝的天下，崔胤也身死族灭。……

《古代文史名著选译丛书》编纂始末①

马樟根　安平秋

今年1月,《古代文史名著选译丛书》已经出到100种101册(其中《史记》为2册)。4月份,最后的33种也已交稿。这样,全书133种即将呈献在读者面前。② 一项服务当前、造福子孙的普及优秀古代文化、进行爱国教育的大工程将宣告完工了。回想

---

①《古代文史名著选译丛书》由全国高校古籍整理研究工作委员会主持,古委会直接联系的18个古籍整理研究所为主要承担机构,章培恒、安平秋、马樟根任主编。本文于1992年4月,在《中国典籍与文化》杂志发表时题目是《衣带渐宽终不悔——〈古代文史名著选译丛书〉编纂始末》。这次将此文作为2011年修订版附录时,去掉原正标题,以原副标题为正式题目。 ② 至1994年4月最后定稿时,全书为135部。2011年修订版出版时,全书为134部。

这一套丛书动员18所院校，投入100余人，从1985年筹划，1986年起步，到今天已度过了六七年的岁月，个中甘辛令人难以忘怀。

一、北大·苏州·北大

——酝酿与筹划

编纂这样一套丛书，起因于1981年7月。当时陈云同志派人到北京大学召开了小型座谈会。来人告诉与会人员陈云同志最近在考虑两个问题：一个是粮食，一个是古籍整理。对古籍整理，特别讲到陈云同志说："整理古籍，为了让更多的人看得懂，仅作标点、注释、校勘、训诂还不够，要有今译，争取做到能读报纸的人多数都能看懂。有了今译，年轻人看得懂，觉得有意思，才会有兴趣去阅读。今译要经过选择，要列出一个精选的古籍今译的目录，不要贪多。"这就是后来收入《陈云文选》的那段话。1981年9月，中共中央关于整理我国古籍的文件中一字不差地强调了这段话。1983年，教育部成立了全国高校古籍整理研究工作委员会（简称古委会）。古委会主任周林同志根据中央和陈云同志意见，提出了组织力量今译古籍。但在当时，经过"文革”后的古籍整理工作百废待兴，加之一些学者对今译重要性的认识远非今日之深，这一工作一拖便是两年。

1985年5月，全国高校古委会在苏州召开了一届二次会议。周林同志在会上作了“人才培养和古代文化遗产普及问题”的专题发言，他分析了“解放三十多年来，由于‘左’的路线干扰，特别是‘文化大革命’，几乎使我们的民族文化到了中断的边缘，出现了对古代文化知之不多，或知之甚少的状况”，要教育界的同志“做好普及古代文化知识的工作”，搞好古籍的今注今译就是其中的一项重要任务，“高校古委会要在这方面多下功夫”，“高校古籍研究所无疑应担负起这个任务”。他针对当时一些人轻视古籍的今注今译思想，呼吁“我们对于选本、今译等有利于教育普及的东西，应承认它的学术价值”，“《昭明文选》、《唐诗三百首》、《古文观止》等是地道的选本，流传几百年，发生那么大的影响，能说没有水平?”“专家们深入浅出的在对古文献研究基础上的译注，对普及古代优秀文化作出重大贡献，算不算高水平的成果呢?”“古文既要译得恰当、准确，又要通畅易懂，难度是很大的”，“为了社会主义精神文明建设，古籍整理这方面也要作出应有的贡献”。一石激浪，沉寂了几年的今译古籍的话题又重新活跃起来。会上作了一番认真讨论。

经过这样的酝酿，1985 年 7 月，全国高校古委会科研项目评审组的专家们聚集在北京大学勺园，筹划编纂一套古籍今译的精选本。初步定名为《古籍今译丛书》，议定了收书范围、内容，开列了 65 种书的选目。并决定由科研项目专家评审组召集人、复旦大学古籍所所长章培恒教授和参加过陈云同志在北大召开座谈会、当时古委会主管科研工作的副秘书长安平秋同志共同负责，与秘书处同志一起具体筹划。经几个月的筹备，决定由古委会直接联系的 18 个高校古籍研究所承担这一工作，组成编委会，并开列出 89 种书的选目，对选译的进度、规划亦作了设计。此时，几家出版社闻讯而至，表示愿意出版这套丛书。最早与我们联系的巴蜀书社的段文桂社长以其强烈的事业心和对古籍今译的高度重视感动了我们，于是决定邀请巴蜀书社编辑参加第一次编委会议。

二、从柳浪闻莺到桂子山上

——第一批书稿的产生

第一次编委会于 1986 年 5 月在杭州柳莺宾馆

召开。宾馆因位于西湖十景之一的柳浪闻莺而得名。全国高校18个研究所的24名学者和有关人员聚集在这风景胜地,无心观柳,亦无从闻莺,紧张地工作了三天。会上确定了这套普及读物的读者对象是具有中等以上文化程度的广大群众,收书范围是中国历代文史名著,在名著之中选精。所选书目,在原拟89种基础上,调整为116种,以形成系统性。书中选篇之下分提示、原文、今译、注释四部分,以译文为主,书前有一前言,书中加入必要的插图。每一种书约10—15万字。书名确定为《古代文史名著选译丛书》。即由到会的24位学者组成丛书编委会①,由章培恒、马樟根、安平秋三人任主编。于是,编委会立即分成三个工作小组,在会上分头拟出丛书《凡例》、《编写、审稿要求》和《文稿书写格式》,经讨论修改而形成了正式文字以供遵循。在

① 编委会成员按姓氏笔划排列为:

马樟根　平慧善　安平秋　刘烈茂　许嘉璐　李国祥
金开诚　周勋初　宗福邦　段文桂　董治安　倪其心
黄永年　章培恒　曾枣庄(以上为常务编委)
王达津　吕绍纲　刘仁清　刘乾先　李运益　杨金鼎
曹亦冰　常绍温　裴汝诚(以上为编委)

自报的前提下，会上确定了由18个研究所承担前40部书的今译任务，要求当年年底完成。古委会主任、丛书顾问周林同志对编委会的认真精神、紧张工作和显著效率十分赞赏，他说："有这样一个编委会，有这样一个阵容来做选译，使中国历史文化不成为专属于少数人的知识，使能看报纸的人都读懂自己民族的名著，从而树立爱国主义、建设有民族特色的精神文明，其意义之深远将会在今后愈益显露出来。"于是，有1000余万字的大工程便从这里开始了。

当年年底各研究所的今译书稿经作者完成后，由在该所的编委审改，到1987年5月和7月，先后在复旦大学、北京大学两次召开编委审稿会。这种审稿会，说是审稿，实际上是边审边改，字斟句酌，每部书稿必须经一位编委、一位常务编委审改把关，经过这样两道工序，汇总到主编手中，40部书稿通过了25部。其中部分书稿赶印了样稿征求意见。于是周林同志于7月6日在北大临湖轩邀请了在京十几位专家与正在审稿的编委一起研究样稿，探讨如何提高这套今译丛书的质量。

根据编委审稿发现的问题和在京专家们的意

见，从书亟需在已定体例的框架中条列细则；而出版单位巴蜀书社又希望所出版的第一批书为50种以便形成格局，需要布置各研究所承担新的今译任务。这样，1987年10月在华中师范大学再次召开了编委会，又请了詹锳、周振甫、刘乃和、郭预衡等先生到会指导。

这次编委会是在审看了40部书稿后，发现了一大批问题亟待解决，又是在需要布置下一步任务的状况下召开的，是一次承上启下的编委会。会议初期人们的心情和会上的气氛都带有一股子严峻与急切。会议从5日到8日开了三天半。但是在4日晚上开预备会的时候，主编章培恒先生尚未到会，亦无他是否已从上海出发的信息。5日上午就要开会了，主编不到怎么行呢？5日一早，我们还在沉睡之中，忽听有人敲门，进来的竟是章培恒！一向风神儒雅、衣装考究的章培恒先生，此时却是一身尘灰、满脸疲惫地站在我们面前。原来他从上海出发前，未能买到机票或船票，而上海到武汉又没有直达火车，只好先从上海坐火车到长沙，为了不误5日上午开会，他只好买了一张无座票，夜间从长沙出发一直站到武昌。一向走路辨不清方向的章培恒竟然在夜色未退之前一人从车站摸到了华中师大专家楼，也算是奇迹。

这次编委会，从体例的具体要求、书中选篇是否合适、每篇中的提示如何写、注释的繁简和语言的通俗性，到今译的信达雅如何把握，例如李白的“床前明月光，疑是地上霜，举头望明月，低头思故乡”这样通俗的诗是否要翻译，在在都有热烈的争论。感谢编委们的努力和学术判断力，最后终于形成了一个《细则》，一切争论都统一在这个《细则》之上。编委们在思想明确、分得新的任务之后，显出了少有的轻松与喜悦。会议结束正逢中秋节，华中师大的专家楼坐落在武昌桂子山上。入夜，桂子山上举行了赏月茶会，几张方桌，围坐着全体编委和特邀到会专家。天上明月如盘，清辉洒地，眼前桂树葱茏，桂花飘香，华中师大古籍研究所的青年们活跃席间，引得王达津先生即席赋诗，刘乃和先生清唱京戏。这气氛预示着《古代文史名著选译丛书》克服了当前的困难，第一批50种书稿有如母腹中的胎儿，快要降生了。

三、华清池畔的愁云与人民大会堂的欢欣

——第一批书出版的柳暗花明

1988年10月，编委们再一次聚会，审定第一批

50种中的最后十几部书稿、修改第二批50种中的大量书稿。这次审稿是在“东枕华山、西拒咸阳”的骊山脚下、华清池滨的一家招待所。这里古朴而不豪华，食宿低廉却又实惠，审稿之余，左近有风景可观，有古迹可寻，房内有43℃的温汤沐浴，编委们平日在校教学、科研工作劳累而生活清苦，如今有这样的环境与条件，感到少有的惬意。我们作为主编觉得这也是对编委们两年来辛勤编书的一点补偿。但这种适意之感很快就被两件事所驱散。一件事是书稿的质量。几十部书稿交来，一经审看，从注译到体例完全合格的只有寥寥可数的三四部，余下的，或需小改，或需大改，或根本不合格需退回重作。另一件事是出版发行成了问题。到会的巴蜀书社副社长黄葵同志向大家通报了即将印出的16本书征订情况，最多的为2000册，且只有一种，其他的只有800册、600册，甚至还有200余册。征订不佳，销路不畅，出书要赔钱，出版社为难，编委们又无计可施。此时哪还有心思去观赏“骊山云树郁苍苍，历尽周秦与汉唐”？也无心绪登上骊山，在烽火台前怀古。且正值“楼台八月凉”的节令，只有华清池畔秋雨飘零，秋风瑟瑟，落叶满地，不禁愁从中来。

愁则愁，还得面对现实。书稿质量不高，靠到会近20位编委十余天的逐字逐句修改，终于改定合格17部。至于出版发行问题，巴蜀书社的朋友费心经营，重新设计了封面，改进装帧，将第一批50种装成一个大礼品盒，成盒出售。从中又得到了国家新闻出版署、四川省出版局、国家教委有关司局和各省市教委的大力支持与帮助，发行面得以扩大，到了1990年下半年，首印的17000套书销售已尽，而问讯、索购者不绝，出版社决定再印30000套以供读者需要。中央领导了解到这套丛书受到读者欢迎，欣然为丛书题辞，江泽民总书记的题辞是“做好我国古代文史名著的传播普及工作，使其古为今用，以发扬爱国主义精神”，李鹏总理的题辞是“弘扬民族优秀文化，激励爱国主义精神”。李瑞环同志也为丛书题了辞。

1990年8月22日在北京人民大会堂召开了《古代文史名著选译丛书》出版座谈会。国家领导人李铁映、胡乔木、李德生、陈丕显、廖汉生、王汉斌、王光英出席，古委会主任周林同志主持会议，到会各阶层代表在发言中从不同角度肯定了这套书对促进青少年了解历史、了解国情、了解中华民族优秀传统文化、进行爱国主义教育的作用。时值盛夏，却逢喜雨，洗却了编委和出版社同志心中的忧虑，参加大会堂座谈会的13名常务编委会后又聚集在北京大学讨论深入认识编纂这套丛书的重大意义，研究审改好第二批书稿的具体措施。

四、从舜耕山庄耕作到乐山脚下

——第二批书稿审定之艰辛

第二批书稿50种50册，是1987年10月布置的。1988年10月在西安审改合格的17部书稿都已放入第一批中以替换原已通过的第一批中质量较差的书稿。这样，第二批书稿当时余下的已完成的有20余部，却都不合格，只能要求译注者和编委再行修改。一年之后，编委会汇总来重新改好和新译注交来的第二批书稿44部，1989年10月于济南千佛山下的舜耕山庄召开了常务编委审稿会。

这次审稿，发现的问题较多。有的选目不当，如有的史书重要人物的传不选却选入无关紧要而又无学习价值的人物传，有的名家的文章名篇不选却选入既无文学价值又无借鉴意义的篇章。有的选译所依据的底本不当，舍弃现有的精校本却用校勘不善的本子。有的虽有根据地改动正文却只在注释中说“原作……据别本改”，而不指明据何本改。有的注释过繁，不利于一般读者阅读；有的注释极简，该注释的地方不注，使广大读者看了译文仍无法理解全文的精妙；而更多的是注释不准确，对一字一词增字为训而歪曲了原意的毛病也较普遍。译文问题更多，有的语义不清，佶屈聱牙，把“三顾频烦天下计，两朝开济老臣心”译为“三顾茅庐频烦为天下大计，两朝事业开济尽老臣忠心”，有的为追求通俗生动把“君何往”中的“君”译为“老兄”。每篇的提示，有的写得很长变成了文章赏析，有的虽短却不中肯綮，用了类似“文革”期间的语言扣几顶大帽子了事。看这样的稿子都觉头痛，改这样的稿子更感艰难。审稿历时 12 天，参加审稿、当时 63 岁的黄永年先生向我们诉苦：“头发掉了一把！”有的编委说，千佛山古称历山，传说舜在这里开垦耕耘，十分艰辛，我们住在舜耕山庄，预示着我们为这套丛书垦荒笔耕，也要历尽千辛。这次审稿，经过审改之后，有 10 部书稿合格，有 11 部需会后再作小的修改方能通过，余下的均需作大的改动或另请人译注。

这次审稿还研究了所选戏曲部分的曲辞如何今译问题，如规定了念白中出现的诗句只注不译，上、下场诗只注不译，注而不译的文字在译文中应予保留以便参读。

到 1990 年 12 月，丛书常务编委在广州研究丛书如何体现批判继承精神、如何提高第二批书稿质量时，又有 18 部书稿完成交来。为了保证书稿质量，使 1991 年上半年召开的常务编委审稿会得以顺利进行，我们三个主编从广州匆匆赶到北京，用了一周时间审看了这 18 部书稿，通过了 7 部，11 部退改。当我们看完最后一部书稿碰头研究时，已是 12 月 31 日。在 1990 年一年内，我们仅仅通过了这 7 部书稿。加上 1989 年在舜耕山庄通过的 10 部，也仅有 17 部，尚差 33 部方足第二批的 50 部。

1991 年 5 月，常务编委来到古称嘉州的乐山市，在乐山山腰的八仙洞宾馆继续审改第二批书稿。改稿时间只有十天，要力争将 50 部推出，其繁重可知。我们在改稿过程中，不禁想到明万历年间嘉州知州袁子让的诗句“登临始觉浮生苦”，想到这套丛书从起步到这次审改已历时 5 年，当初怎么也没有想到完成这套丛书会是如此的艰辛，真是登临始觉笔耕苦啊!

这次乐山审稿,通过了13部书稿。好在余下的20部书稿只须小改即可在会后交稿,终于在1991年8月将这20部书稿全部改定交巴蜀书社。第二批50部历时近四年终于定稿了。

五、在金陵古都作光辉的一结

——第三批书稿的完成

1990年12月据出版社的要求,这套丛书出齐当为150种,到乐山会上又修正为110种至125种,最后数字的确定根据最后一次审稿结果而定,合格的即入选,不合格的不再修改选入。根据这一共识,今年4月中旬,我们一部分常务编委聚集到六朝古都南京,从已经交来的35部书稿中选择经小改合格的书稿。经过十一天的劳作,选择、改定33部,由到会的常务编委、巴蜀书社的段文桂总编和编委、巴蜀书社的刘仁清副编审带回成都,将经由他们的继续辛苦而使《古代文史名著选译丛书》以133部、1500万字之数呈献给热爱中华文化的读者。

这套丛书从1986年5月起步,历时整整六年,平日繁细工作不计,仅编委大小审稿会就开了12次之多。丛书的发起人、顾问、古委会主任周林同志先后参加了8次审稿会，每次都自始至终和大家在一起，听取审稿情况，了解遇到的问题；当我们遇到困难的时候他为我们鼓劲，当我们感到欣喜的时候他提醒我们不可大意。这次他又和我们一起来到虎踞龙蟠的石头城下，为我们督阵，看我们能否为这套丛书作出光辉的一结。

此时此刻，我们与这次会议的东道主、丛书常务编委、南京大学的周勋初先生漫步在中山陵旁，想到今译丛书已基本完成，自然感到如释重负，但理智却使我们不敢轻松，我们期待着全书133部出齐之后专家、读者的评头品足。

1992年4月26日

（原载《中国典籍与文化》1992年第1期）

古代文史名著选译丛书(修订版)总目

丛书主编:章培恒　安平秋　马樟根

书　名	译注者	审阅者	定价/元
老子注译	张玉春　金国泰	安平秋	16.00
庄子选译	马美信	章培恒	18.00
荀子选译	雪　克　王云路	董治安　许嘉璐	19.00
申鉴中论选译	张　涛　傅根清	董治安	18.00
颜氏家训选译	黄永年	许嘉璐	15.00
论语注译	孙钦善	宗福邦	34.00
孟子选译	刘聿鑫　刘晓东	黄　葵	20.00
墨子选译	刘继华	董治安	14.00
韩非子选译	刘乾先　张在义	黄　葵	19.00
新序说苑选译	曹亦冰	倪其心	25.00
论衡选译	黄中业　陈恩林	许嘉璐	22.00
管子选译	缪文远　缪　伟	董治安	18.00
列子选译	王丽萍	周勋初　倪其心	19.00
韩诗外传选译	杜泽逊　庄大钧	董治安	33.00
盐铁论选译	孙香兰　刘光胜	黄永年	13.00
诗经选译	程俊英　蒋见元	刘仁清	19.00
楚辞选译	徐建华　金舒年	金开诚	15.00
贾谊文选译	徐　超　王洲明	安平秋	17.00
司马相如文选译	费振刚　仇仲谦	安平秋	11.00
文心雕龙选译	周振甫	黄永年	17.00
庾信诗文选译	许逸民	安平秋	18.00

书　名	译注者		审阅者		定价/元
嵇康诗文选译	武秀成		倪其心		18.00
谢灵运鲍照诗选译	刘心明		周勋初		18.00
陈子昂诗文选译	王　岚		周勋初	倪其心	14.00
李白诗选译	詹　锳	等	章培恒		27.00
高适岑参诗选译	谢楚发		黄永年		23.00
元稹白居易诗选译	吴大逵	马秀娟	宗福邦		21.00
柳宗元诗文选译	王松龄	杨立扬	周勋初		18.00
李贺诗选译	冯浩菲	徐传武	刘仁清		20.00
杜牧诗文选译	吴　鸥		黄永年		14.00
李商隐诗选译	陈永正		倪其心		19.00
唐五代词选译	亦　冬		董治安		16.00
唐文粹选译	张宏生		周勋初		18.00
晚唐小品文选译	顾歆艺		平慧善		15.00
黄庭坚诗文选译	朱安群	等	倪其心		18.00
辛弃疾词选译	杨　忠		刘烈茂		24.00
元好问诗选译	郑力民		宗福邦		20.00
宋四家词选译	王晓波		倪其心		16.00
黄宗羲诗文选译	平慧善	卢敦基	马樟根		15.00
吴伟业诗选译	黄永年	马雪芹	安平秋		20.00
方苞姚鼐文选译	杨荣祥		安平秋		20.00
明代散文选译	田南池		马樟根		22.00
顾炎武诗文选译	李永祜	郭成韬	刘烈茂		23.00
张衡诗文选译	张在义 韩格平	张玉春	刘仁清		16.00
汉诗选译	张永鑫	刘桂秋	金开诚		19.00

书　名	译注者		审阅者		定价/元
阮籍诗文选译	倪其心		刘仁清		15.00
三曹诗选译	殷义祥		刘仁清		22.00
诸葛亮文选译	袁钟仁		董治安		16.00
陶渊明诗文选译	谢先俊	王勋敏	平慧善		16.00
杜甫诗选译	倪其心	吴　鸥	黄永年		21.00
王维诗选译	邓安生	等	倪其心		20.00
刘禹锡诗文选译	梁守中		倪其心		20.00
孟浩然诗选译	邓安生	孙佩君	马樟根		18.00
韩愈诗文选译	黄永年		李国祥		20.00
欧阳修诗文选译	林冠群	周济夫	曾枣庄		20.00
曾巩诗文选译	祝尚书		曾枣庄		19.00
苏轼诗文选译	曾枣庄	曾　弢	章培恒		28.00
李清照诗文词选译	平慧善		马樟根		15.00
陆游诗词选译	张永鑫	刘桂秋	黄　葵		24.00
朱熹诗文选译	黄　珅		曾枣庄		20.00
文天祥诗文选译	邓碧清		曾枣庄		20.00
袁枚诗文选译	李灵年	李泽平	倪其心		20.00
王安石诗文选译	马秀娟		刘烈茂	宗福邦	18.00
二程文选译	郭　齐		曾枣庄		25.00
范成大杨万里诗词选译	朱德才	杨　燕	董治安		26.00
萨都剌诗词选译	龙德寿		曾枣庄		28.00
王阳明诗文选译	吴　格		章培恒		18.00
徐渭诗文选译	傅　杰		许嘉璐	刘仁清	17.00
李贽文选译	陈蔚松	顾志华	李国祥	曾枣庄	17.00

书　名	译注者		审阅者	定价/元
三袁诗文选译	任巧珍		董治安	17.00
王士禛诗选译	王小舒	陈广澧	黄永年	13.00
龚自珍诗文选译	朱邦蔚	关道雄	周勋初	13.00
尚书选译	李国祥 谢贵安	刘韶军 庞子朝	宗福邦	14.00
礼记选译	朱正义	林开甲	宗福邦	22.00
左传选译	陈世铙		董治安	22.00
国语选译	高振铎	刘乾先	黄　葵	29.00
战国策选译	任　重	霍旭东	李国祥	21.00
吕氏春秋选译	刘文忠		董治安	17.00
吴越春秋选译	郁　默		倪其心	19.00
史记选译	李国祥 张三夕	李长弓	安平秋	45.00
汉书选译	张世俊	任巧珍	李国祥	22.00
后汉书选译	李国祥 彭益林	杨　昶	许嘉璐	40.00
三国志选译	刘　琳		黄　葵	18.00
晋书选译	杜宝元		许嘉璐	15.00
宋书选译	漆泽邦	孔　毅	李国祥	19.00
南齐书选译	徐克谦		周勋初	18.00
北齐书选译	黄永年		安平秋	16.00
梁书选译	于　白		周勋初	17.00
陈书选译	赵　益		周勋初	17.00
南史选译	漆泽邦		安平秋	22.00
北史选译	刁忠民		段文桂	20.00

书　名	译注者	审阅者	定价/元
周书选译	黄永年	安平秋	15.00
魏书选译	杨世文　郑　晔	周勋初	22.00
隋书选译	武秀成　赵　益	周勋初	20.00
新唐书选译	雷巧玲　李成甲	黄永年	28.00
旧唐书选译	黄永年	章培恒	28.00
新五代史选译	李国祥　王玉德 姚伟钧	周勋初	18.00
旧五代史选译	贾二强	黄永年	17.00
宋史选译	淮　沛　汤　墨	曾枣庄	30.00
辽史选译	郭　齐　吴洪泽	曾枣庄	21.00
金史选译	杨世文　祝尚书 李文泽　王晓波	曾枣庄	21.00
元史选译	樊善国　徐　梓	马樟根	25.00
明史选译	杨　昶	李国祥	35.00
清史稿选译	黄　毅	章培恒	32.00
贞观政要选译	裴汝诚　王义耀	黄永年	18.00
史通选译	侯昌吉　钱安琪	周勋初	16.00
资治通鉴选译	李　庆	黄永年	16.00
续资治通鉴选译	徐光烈	安平秋	24.00
通鉴纪事本末选译	谈蓓芳	章培恒	21.00
洛阳伽蓝记选译	韩结根	章培恒	22.00
梦溪笔谈选译	李文泽	曾枣庄	20.00
徐霞客游记选译	周晓薇　等	黄永年　马樟根	17.00
宋代笔记小说选译	朱瑞熙　程君健	金开诚等	19.00
关汉卿杂剧选译	黄仕忠	刘烈茂	24.00

书　名	译注者		审阅者		定价/元
明代文言短篇小说选译	黄　敏		章培恒		23.00
六朝志怪小说选译	肖海波	罗少卿	刘仁清		21.00
世说新语选译	柳士镇	钱南秀	周勋初		29.00
水经注选译	赵望秦 张艳云	段塔丽	许嘉璐		19.00
唐人传奇选译	周　晨		曾枣庄		24.00
唐五代笔记小说选译	严　杰		周勋初		21.00
大慈恩寺三藏法师传选译	贾二强		黄永年		18.00
宋代传奇选译	姚　松		周勋初		22.00
聊斋志异选译	刘烈茂 欧阳世昌		章培恒		22.00
阅微草堂笔记选译	黄国声		安平秋		16.00
清代文言小说选译	王火青		周勋初		23.00
历代名画记图画见闻志选译	周晓薇	赵望秦	黄永年		17.00
容斋随笔选译	罗积勇		宗福邦		20.00
唐才子传选译	张　萍	陆三强	黄永年		30.00
西厢记选译	王立言		董治安		20.00
元代散曲选译	彭久安		刘烈茂	金开诚	21.00
日知录选译	张艳云	段塔丽	黄永年		22.00
桃花扇选译	张文澍		章培恒	段文桂	15.00
牡丹亭选译	卓连营		章培恒		14.00
长生殿选译	戚海燕		董治安		20.00